Bärbel Mohr

Nouvelles astuces

« POUR PASSER COMMANDES AUPRÈS DE L'UNIVERS »

De nouvelles pensées pratiques pour réaliser vos souhaits...

ÉDITIONS CONTRE-DIRES
19, rue Saint-Séverin
75005 Paris

Sommaire

* * *

Introduction

Les exercices de ce livre t'aideront à mieux mettre en pratique le contenu théorique de mes autres livres relativement aux commandes passées auprès de l'Univers. Car la seule lecture, le plus souvent, n'apporte pas le grand changement qu'on espère.

Les exercices sont très divers et attaquent les problèmes sous différents angles. Bien entendu, tu ne dois pas les faire tous d'un seul coup ; ce serait source de stress et contre-productif. Au contraire, le choix est là pour que tu fasses ce qui te parle maintenant, et que tu commences n'importe où. Quand les premiers changements interviendront, tu pourras décider tout à loisir par quel exercice tu as peut-être envie de continuer.

Beaucoup d'exercices peuvent être faits une seule fois, d'autres sont à faire quotidiennement. Quelques-uns sont principalement pour l'esprit, d'autres, pour l'affectivité ; d'autres encore concernent les vieilles habitudes et les modèles anciens de comportement (= commandes automatiques permanentes ☺) que l'on voudrait changer. Chacun pourra sûrement y trouver son compte.

Pour les novices, ceux qui n'ont pas lu mes livres, j'ai résumé dans les notes certains arrière-plans importants pour la compréhension mais que j'ai déjà traités ailleurs. Qui se souvient des thèmes abordés dans ces notes pourra simplement les sauter.

Je vous souhaite beaucoup de joie avec ces exercices ludiques et une bonne « connexion avec l'au-delà ».

Votre Bärbel

Ce qui est à l'intérieur est comme ce qui est à l'extérieur

Rappel : passer commande auprès de l'Univers, c'est seulement se représenter que ce qui est dedans est comme ce qui est dehors : l'extérieur est un miroir de notre intérieur.

L'exemple le plus simple, connu de tous, est le suivant : quelqu'un qui rencontre surtout des gens souriants et amicaux dans sa vie est sans aucun doute quelqu'un qui sourit beaucoup lui-même, et qui le fait sincèrement, de l'intérieur. Grâce à son attitude intérieure, il a lui-même créé un environnement bienveillant. De quelqu'un qui ne rencontre que des personnes agressives et mal lunées, on peut soupçonner qu'il est insatisfait de lui-même et de sa vie. Il irradie cela et l'environnement le lui renvoie – c'est donc sa propre création.

Étant entendu au moins – alléluia et hourra ! – que les autres sont pour nous un miroir et qu'ils ont pu abandonner leur part d'ombre ésotérique. En effet, cette vérité est aujourd'hui étayée par les savants, par exemple par le Pr Manfred Spitzer, un neurobiologiste d'Ulm bien connu grâce à la télévision et qui nous explique comment le cerveau – selon les dernières acquisitions de la science – fonctionne. Ou par le Pr Joachim Bauer, un psycho-neuro-immunologiste de Fribourg, qui a publié en 2005 un merveilleux livre intitulé *Warum ich fühle,was du fühlst : Intuitive Kommunikation und das Geheimnis der Spiegoelneuronen* [*Pourquoi je ressens ce que tu ressens : la communication intuitive et le secret des neurones miroirs*].

« Nous vivons ce que ressentent les autres sous la forme d'une simulation intérieure spontanée », écrit Joachim Bauer. Bref, les chercheurs ont découvert dans le cerveau ce qu'ils appellent des « neurones miroirs ». Quoi que fasse ou ressente une personne, cela a pour conséquence que certains neurones, dans son cerveau, font feu. Chez un observateur qui fait face à cette personne, les neurones miroirs font feu exactement de la même manière. C'est-à-dire qu'ils simulent ce qui se passe chez l'autre. Et il suffit pour cela que l'observateur, fût-ce inconsciemment et du coin de l'œil, perçoive des fragments de mouvements, de mimique, ou d'inflexions de voix de l'autre personne. L'empathie intuitive pour d'autres personnes est donc comprise, du point de vue de la science actuelle, comme la perception de l'activité simulatrice des neurones miroirs.

Joachim Bauer confirme ce que disent de l'intuition les traditions anciennes, les maîtres de sagesse et aussi, depuis plusieurs décennies, les praticiens de l'entraînement mental.

Bien sûr, il y a encore beaucoup de divergences. Nous autres « alternatifs » sommes convaincus de l'existence d'un éther, alors que la science conventionnelle ne l'est généralement pas. Encore faut-il préciser que, depuis l'avènement de la physique quantique, même les savants sont divisés sur ce point.

Le film *What the Bleep do we Know!? [Je sais que je ne sais rien]* fournit une intéressante documentation sur le sujet. On y interroge quatorze savants américains – des physiciens quantiques, des chercheurs sur le cerveau, des biochimistes, des médecins, des psychologues. Tous sont convaincus que nous sommes cocréateurs de notre réalité, que nous vivons dans un univers qui est, en dernière analyse, nous-même, et que l'acte d'observer est déjà un acte de création.

Le Dr Joseph Dispenza, biochimiste et neurologue, parle aussi de « simulations intérieures ». Il en mentionne toutefois un autre aspect. Dans le film, il raconte une expérience intéressante : à des sujets d'expérience, on fit regarder un objet et, ce faisant, on observa quels neurones du cerveau faisaient feu. Puis on pria les sujets d'expérience de fermer les yeux et de se représenter l'objet. Résultat : c'étaient exactement les mêmes neurones qui faisaient feu. C'est-à-dire que le cerveau ne sait pas distinguer si quelque chose se passe réellement ou si on se l'imagine seulement – ni même si on simule ce qui se passe dans un autre cerveau. Joachim Bauer aussi écrit que, jusqu'ici, la science ne conçoit que par bribes la manière dont le cerveau distingue les sensations propres et les sensations étrangères seulement simulées.

Les « praticiens Eso » (un néologisme génial de Vera F. Birkenbihl) mettent déjà en pratique depuis des années de telles découvertes, fondées sur leur propre « science expérimentale ». Clemens Maria Mohr, un de mes confrères, entraîneur et auteur, qui s'occupe de managers et de sportifs de haut niveau (non, nous ne sommes pas du tout parents, malgré nos noms similaires) m'a par exemple raconté une expérience faite avec des joueurs de basket professionnels. Tout d'abord, chaque sportif visait cent fois le panier pour tester la fréquence avec laquelle il marquait en moyenne. Puis les joueurs furent divisés en trois groupes. Le groupe n° 1 s'entraîna quotidiennement à lancer la balle dans le panier. Les joueurs du groupe n° 2 s'installèrent sur des chaises longues et imaginèrent qu'ils tentaient des paniers l'un après l'autre. Les joueurs du groupe n° 3 s'entraînèrent la moitié du temps mentalement et l'autre moitié réellement.

Devinez quel groupe fit les plus gros progrès ? Le groupe n° 2. Ce fut le seul groupe qui, après coup, fit TOUJOURS mouche. Et, comme le cerveau ne sait pas distinguer si l'on s'entraîne réellement ou en pensée, la fine activité motrice s'est le plus améliorée dans ce groupe – et la sûreté de marquer des paniers, par conséquent, aussi.

Mais revenons-en au début de nos réflexions : une personne qui est insatisfaite de sa vie irradie cela et contamine ainsi ses congénères, lesquels le lui renvoient avec des visages peu amènes. Dans les groupes d'entraînement et les groupes spirituels, nous disons : la loi de la résonance a opéré ; les vibrations intérieures basses produisent des effets extérieurs de basses vibrations. Ou encore : ma mauvaise humeur devient une commande inconsciente passée auprès de l'Univers, qui me fait des livraisons de qualité identique.

Selon les acquisitions les plus récentes de la science, nous pourrions dire aussi : l'insatisfait déclenche en chaque personne qu'il rencontre une simulation du même sentiment et abaisse ainsi l'humeur de son vis-à-vis. Vient s'ajouter à cela le fait que notre subconscient sait parfaitement qu'il était de bonne humeur et d'où vient le virus de la mauvaise humeur. Il en veut à son auteur et réagit encore moins amicalement à son égard.

Bilan : si je veux rencontrer dehors des visages amicaux, je puis me les procurer en m'exerçant à faire prédominer dans mon for intérieur une attitude bienveillante. Comment atteindre cet objectif ? C'est, entre autres choses, à cette fin que le présent livre a été écrit.

Quand les « commandes passées auprès de l'Univers » ne marchent pas, c'est que, comme la plupart du temps dans la vie, des causes nombreuses et variées sont à l'œuvre. Le chapitre suivant examine toute une série de ces causes. Et, pour chacun de ces thèmes, je donne un ou plusieurs exercices dans le dessein d'améliorer les résultats.

Quand ça marche particulièrement bien

Les commandes passées auprès de l'Univers marchent particulièrement bien quand...

... je suis une personne qui s'aime elle-même et qui est convaincue d'avoir mérité « cela » ;
... je dirige principalement mon attention, dans le quotidien, sur les choses positives de la vie, et que je suis une personne reconnaissante ;
... je connais exactement mes désirs et mes buts, et que je puis les formuler clairement ;
... je puis passer mes commandes sans trop réfléchir avec un sentiment de légèreté et dans une attitude d'attente mi-ludique et mi-spontanée ;
... je commande quelque chose pratiquement sans raisons, ou bien par pure joie de vivre ;
... d'autres personnes se sentent détendues en ma présence, et qu'elles peuvent être complètement elles-mêmes ;
... je suis profondément convaincu(e) que la vie est bien intentionnée à mon égard ;
... j'aime vivre ;

- ... j'ai fréquemment des moments où je me sens complètement relié(e) à la nature, à tous les êtres vivants et aux autres hommes ;
- ... je puis accorder aux autres qu'ils obtiennent les choses plus vite que moi, ou bien qu'ils aient plus que moi ;
- ... je puis gérer avec créativité et spontanéité les idées qui surgissent en moi soudainement (quand je puis entendre l'appel du livreur) ;
- ... je cultive une relation sensible et vivante avec l'Esprit universel ;
- ... je m'accorde régulièrement et quotidiennement des pauses et des détentes, que je fais attention aux signaux de mon corps, de mon esprit et de mon âme, quand ils ont besoin de calme et de repos ;
- ... j'ai des relations sociales positives, ce qui accroît mon énergie ;
- ... j'exerce une profession qui me donne de la joie ; cela aussi élève mon énergie considérablement ;
- ... je fais un usage fréquent de mes perceptions subtiles, dans tous les domaines de la vie, et que j'en éprouve du plaisir ;
- ... je me perçois comme cocréateur de ma réalité et que je me demande toujours, en cas d'échec, a) par quelle attitude intérieure j'ai peut-être contribué à produire cette situation et b) s'il y a quelque chose que je puis intro-

duire ou changer dans ma vie pour améliorer de nouveau la situation ;

... le développement de ma personnalité et mes travaux de « mise en ordre intérieure » me donnent de la joie, et que je pratique cela régulièrement ;

... je m'autorise à admettre aussi mes plus grandes visions intérieures, mes plus grands désirs, et que je les tiens fondamentalement pour possibles ;

... je suis convaincu(e) qu'une vie individuelle heureuse et réussie est possible pour tous, et que je prends part au bal avec un optimisme serein pour réaliser cela dans ma propre vie.

Il est important de comprendre que, **pour passer commander auprès de l'Univers,** c'est-à-dire pour façonner l'extérieur avec son intérieur, **point n'est besoin d'exercer des facultés particulières, mais qu'il s'agit d'une qualité innée en l'homme.** En d'autres termes, nous ne pouvons pas éviter d'influencer les circonstances extérieures par notre attitude intérieure. Et, depuis la découverte des neurones miroirs la discussion est close, c'est un fait. On peut dire tout au plus que spiritualité et science divergent sur la portée de cette influence.

Notre comportement est prévisible à 90 % ; il est automatique. Nous marchons automatiquement, la plupart de nos séquences de mouvements sont automatiques, la conduite d'une voiture, même, se déroule automatiquement après quelques leçons. Et l'on peut supposer que nos pensées sont tout aussi automatiques. On prétend que nous avons autour de cinquante mille pensées par jour. Combien d'entre elles sont conscientes ? Combien d'entre elles ont fait de ta part l'objet d'une décision consciente, et combien émergent sans cesse, automatiquement ? As-tu chaque jour des sentiments surprenants entièrement nouveaux, ou bien la plupart de tes séquences affectives ne sont-elles pas le plus souvent aussi automatiques, et ta vie affective de base n'est-elle pas aujourd'hui semblable à celle d'hier ou à celle de la semaine dernière ? Tout cela a une force créatrice. Cela crée le monde extérieur.

Mes états et automatismes intérieurs ont ainsi une part de responsabilité dans la manière dont se comporte mon vis-à-vis à mon égard. Quelle que soit la gentillesse avec laquelle je souris, il y a chez l'autre des neurones miroirs espions qui disent la vérité en permanence. Au moins de façon prépondérante. Est également déjà clair, pour les chercheurs, le fait que mes neurones miroirs « traduisent » les signaux de l'autre sur la base de mes propres expériences. Par conséquent, les sentiments et les actions de l'autre sont certes simulés en moi, mais ils sont facilement falsifiés par l'humeur personnelle dans laquelle j'ai été placé(e).

Au fond, tout le monde sait cela : quand, par suite de circonstances actuelles, la conscience que j'ai de moi est au plus bas, je réagis généralement avec une sensibilité excessive, et j'interprète en ma défaveur tout ce qui, au départ, n'était pas malintentionné. De la même façon, quand quelqu'un réagit avec un excès de sensibilité, nous pressentons qu'une mouche l'a piqué. En revanche, un amoureux n'est entouré que de personnes gentilles, d'une part parce qu'il contamine son environnement par son enthousiasme magique, et d'autre part parce qu'il filtre tout le négatif, ne le percevant même pas.

« Comme on appelle dans la forêt on reçoit l'écho », disait déjà ma grand-mère. Elle aussi savait que je suis responsable de la façon dont mes congénères réagissent à ma personne. Dans ce phénomène, les mots ne comptent que pour 7 %. Une étude d'Albert Mehrabian est la plus citée dans ce contexte : l'auteur attribue 55 % au langage corporel et 38 % aux inflexions de la voix.

Il existe un annuaire du club Carrière. Y sont citées cinq cents personnalités à succès, interviewées dans tous les domaines. Les réponses sont résumées dans des statistiques, également présentées dans le livre. Un pourcentage élevé des personnes interrogées indique qu'il est important, pour leur succès, de faire attention à la sensation abdominale. Se procurer des informations sur les tendances, les modes, les évolutions, les chances, les risques, etc., est une chose ; mais, dans la profusion des informations, c'est le ventre qui décide en fin de compte.

On peut y lire aussi que la réussite dépend moins de l'instruction, des connaissances techniques, de facultés particulières, de l'environnement social dont on est issu, ou encore du capital de départ que ne le pense plus d'un. On peut lire dans l'avant-propos de l'annuaire 2005 :

« N'attendez-vous pas trop de votre vie professionnelle ? Vous trouverez avec étonnement les carrières de personnes qui ont en fait commencé trop tard, qui n'avaient pas assez de connaissances, qui étaient connues comme des élèves stupides, qui ont commencé sans capital, sans relations et sans aucune chance, c'est-à-dire pratiquement sans espoir de succès, et qui ont quand même réussi à apporter des choses précieuses à la collectivité comme phares de notre société. »

Souvent, ce sont surtout des facteurs sociaux et psychologiques qui sont importants dans la fréquentation des autres. Cela est tout à fait clair. Que le loueur, le client, le fournisseur, le chef, l'employé, mon ami, mon parent, etc., réagisse positivement à moi et à mes désirs, cela dépend de qualités sociales telles qu'elles apparaissent dans mon for intérieur, ce qui à son tour se reflète en l'autre.

Si je voulais changer la manière dont les autres réagissent à moi, les travaux intérieurs de remise en ordre apporteraient plus que, disons, un entraînement rhétorique. Dès l'instant que je rayonne l'amour de moi-même plutôt que le rejet de moi-même (par les 93 % d'inflexions de voix, de langage corporel, de mimique), les gens commencent à réagir à moi, fondamentalement, de façon plus positive.

Mon attitude intérieure influence la nature de mes relations aux autres, et par conséquent la manière dont ils réagissent à moi, ce qu'ils m'offrent volontiers et ce qu'ils ne veulent pas m'offrir. Mon for intérieur détermine ainsi la manière dont réagissent à moi les loueurs potentiels, les chefs, les collègues, les clients potentiels, les éventuels partenaires amoureux, etc. Stagnation et échec tiennent rarement au seul fait que je ne rencontre pas les personnes qu'il faut. Mon for intérieur peut faire de tous les hommes les bons ou les mauvais partenaires.

C'est le minimum incontournable, même pour les sceptiques*. Le maximum est un état dans lequel je ne fais qu'un, intérieurement, avec l'Univers, dans lequel intérieur et extérieur se fondent en une sorte de danse avec un soi universel qui agit à travers moi. « Quand tout découle de l'oubli total de soi et du fait qu'on s'intègre à l'événement sans aucune intention propre, il convient que, sans aucune réflexion, direction ou contrôle, l'accomplissement extérieur de l'acte se déroule de lui-même », écrit Eugen Herrigel dans *le Zen dans l'art chevaleresque du tir à l'arc.* Et quand le soi universel s'est complètement développé dans mon corps terrestre, ma force créatrice a atteint son maximum.

Ici, cependant, les esprits se divisent, car un tel soi universel n'existe tout simplement pas dans les milieux du scepticisme. Tu dois décider pour toi-même de ce que tu tiens pour vrai, ou tout au moins de ce que tu voudrais expérimenter. Peut-être connais-tu des états dans lesquels tu oublies

---

* Le livre *Die Mohr-Methode* [*la Méthode Mohr*] traite en détail de ces forces et des mécanismes du subconscient, questions que je ne fais ici qu'esquisser. Les vieux routiers du maniement des forces spirituelles, bien entendu, n'en ont pas besoin.

le temps et l'espace, et où tu es totalement absorbé(e) dans ce que tu fais. Et peut-être as-tu aussi expérimenté que, dans un tel état, des idées te viennent dont tu ne te serais jamais cru capable. Ou encore as-tu connu des états où tu peux régler des choses de manière que tout s'emboîte de façon surprenante, mieux que tu n'aurais jamais pu imaginer. Où des hasards étonnants commencent à optimiser le cours des choses. Où l'Univers livre avec zèle ce que tu désires, alors que tu te sens toi-même complètement dans le courant énergétique de la vie.

Dans le petit livre mentionné plus haut (un classique des années cinquante), Herrigel écrit : « Quand l'archer, après des années d'efforts pour atteindre la perfection, oublie enfin tout effort conscient, de manière que le tir parfait puisse s'effectuer sans intention, comme la neige glisse de la feuille de bambou, il a alors découvert le secret de "l'art sans art" du tir à l'arc, du zen, et même l'art de la vie. »

Eugen Herrigel fut professeur de philosophie en Allemagne et au Japon, et il apprit pendant de longues années l'art du tir à l'arc auprès d'un maître zen. Ce maître était même en mesure de faire mouche, avec son arc, dans l'obscurité, et de fendre la première flèche avec une seconde. Le maître ne cessait de déclarer à son élève étonné que l'art consistait à ne pas tirer soi-même, mais à faire en sorte que « ça » advienne à travers son corps.

Un tel archer vit dans ma région. Il m'a rapporté que souvent, pour plus de simplicité, il ferme les yeux en tirant. C'est ainsi que « ça » atteint le mieux la cible.

Et c'est exactement en cela que réside la forme la plus parfaite de la commande passée auprès de l'Univers. Fondamentalement, comme je l'ai dit, c'est une qualité innée de l'homme qui fait en sorte que l'attitude intérieure de l'esprit se manifeste à l'extérieur comme dans un miroir, de manière que toutes nos pensées, conscientes ou inconscientes, deviennent des commandes. Le vrai pro de la commande est conscient de cela ; toutefois, il sait aussi qu'il obtient un maximum de succès quand – comme l'archer zen – il laisse agir ce « ça » à travers lui ; il peut ainsi obtenir beaucoup plus que seulement influencer les humeurs et les réactions de ses congénères.

Que parvenir à cet état ne constitue plus aujourd'hui un art réservé à quelques-uns, mais qu'il soit accessible à tous, non pas certes vingt-quatre heures sur vingt-quatre, mais de plus en plus souvent, c'est ce qu'indique aussi le maître spirituel néo-zélandais Clif Sanderson. Il est certes guérisseur professionnel ; mais se déclarer d'accord avec cette appellation, c'est aussi se déclarer d'accord avec l'affirmation que tout homme est guérisseur. « Celui qui vit est automatiquement un guérisseur », dit Clif. Tout ce dont on a besoin pour exercer ce métier, selon lui, c'est de l'intention d'aider les autres et de la reconnaissance du fait que l'on ne guérit pas soi-même, mais que « ça » agit à travers soi.

Nous voilà revenus à nos moutons. Clif appelle sa méthode thérapeutique « détente profonde de champ ». Tout ce qu'il fait, c'est formuler son intention. Par exemple, celle d'être volontiers utile au patient et de désirer lui « communiquer » sa santé. Puis Clif se détend mentalement dans le « champ de l'unité » (l'Univers, Dieu, etc.) et reste dans son attention et dans l'intention d'être relié à ce champ le plus profondément possible.

La maladie et la mauvaise humeur peuvent être contagieuses. Mais la liaison à l'énergie de l'Univers est également contagieuse ! Quand une personne totalement reliée à l'Esprit universel est chez moi et me touche dans l'intention de me communiquer également cet esprit, cela peut activer mes forces d'autoguérison, de manière que la maladie se dissolve.

Clif en a maintes fois fait la preuve de par le monde. Il a notamment travaillé cinq ans à Tchernobyl dans des hôpitaux. Il y a traité des enfants par sa « détente profonde de champ ».

Le ministère russe de la Santé lui a décerné le prix Gulperin pour ses prestations au service de la science médicale.

Lorsque Clif arriva dans le premier hôpital pour enfants, douze à quinze enfants y mouraient chaque semaine des suites de l'accident du réacteur de Tchernobyl. Après quelques traitements seulement de sa part, le nombre des décès chez les enfants tomba à trois par semaine ! En outre, il n'a jamais subi lui-même le moindre dommage ni la moindre irradiation, bien qu'il eût vécu cinq ans dans la région et qu'il y eût ingéré une alimentation contaminée*.

Malgré ces succès, cette méthode thérapeutique n'est rien d'autre qu'un phénomène de résonance. Transmettre le puissant potentiel de l'Esprit universel et du champ de l'unité à un patient tendu, angoissé, irascible ou excessivement sceptique est chose à peine possible. Recourir au meilleur guérisseur du monde ne nous exonère donc pas de notre responsabilité. Notre attitude intérieure décide aussi si nous pouvons, très généralement, accepter les cadeaux de la vie et de l'Esprit universel.

---

* On en saura davantage sur Clif en consultant le site www.intention-in-action.com

Fondamentalement, tout un chacun est en mesure de trouver ce lieu de silence en soi, de se relier à l'Esprit universel et de retransmettre à d'autres sa force curative. Les parents, en particulier, peuvent expérimenter cela : quand ton enfant est malade ou dort mal, tu peux faire des exercices de qi gong dans sa chambre, ou bien y méditer et y chercher ce lieu puissant du calme intérieur où tu ne fais rien d'autre qu'observer l'écoulement de ton souffle et te concentrer sur l'amour que tu as dans ton cœur. Ou bien imagine une méditation qui te soit personnelle. Plus tu peux te détendre profondément dans cette méditation, plus ton enfant dormira calmement cette nuit-là.

Quand ça marche particulièrement mal

Quand les commandes passées auprès de l'Univers ne marchent pas, cela peut tenir aux thèmes suivants :

- des modèles de comportement inconscients et d'anciennes empreintes empêchent que mes désirs se réalisent ;
- j'ai le sentiment d'avoir absolument besoin des objets commandés, et je me cramponne avec angoisse à cette idée ; puis l'angoisse bloque tout flux d'énergie et par conséquent le possibilité de réalisation ; cela arrive aussi quand sont en jeu une pensée sécuritaire ou un besoin de se faire valoir, dans les stratégies d'évitement ou lorsqu'on ne veut pas percevoir ses propres sentiments ;
- je porte trop souvent mon attention sur des choses que je veux éviter au lieu de la porter sur ce que je veux atteindre ; l'énergie de l'attention suit, et j'attire alors précisément ce que je ne voudrais pas avoir ;

- mes filtres intérieurs ne laissent passer que des problèmes dans la vie et font en sorte que je manque les meilleures occasions ;
- je ne m'aime pas moi-même ; cela paraît insignifiant à la plupart, mais c'est l'une des raisons principales pour lesquelles les commandes ne sont pas livrées ;
- d'autres personnes éprouvent ma nature comme fatigante et ont besoin d'une pause après avoir entrepris quelque chose avec moi (voir les exercices relatifs à l'amour de soi, plus loin dans ce livre) ;
- mes pensées manquent de clarté ;
- je manque de confiance ;
- je manque de créativité et de spontanéité ;
- la peur, la pression et le stress tuent mon intuition ;
- je suis resté(e) si longtemps sans utiliser les circuits énergétiques de mon corps qu'ils ont dépéri ;
- je ne trouve pas le bon moment ni le ton qu'il faut pour passer commande auprès de l'Univers ;
- je ne connais l'expression « perception subtile » que par ouï-dire et je n'ai pas la moindre idée de ce que cela peut être ;

- mon ego et mon entendement jacassent trop ; je ne sais comment les calmer, et en fait je ne connais pas les désirs de mon propre cœur ;
- je ne voudrais assumer aucune responsabilité pour ma vie et pour ce qui m'est arrivé jusqu'ici ;
- je n'ai aucun entraînement à réfléchir régulièrement sur moi-même, et je ne peux pas considérer l'extérieur comme miroir de mon intérieur ;
- je suis trop fixé(e) sur les choses et actions extérieures et je dirige trop peu mon regard vers l'intérieur ;
- par mégarde, j'ai glissé dans un état où je cultive quelque peu mon malheur ;
- je place la barre trop bas en ce qui concerne mes désirs et mes buts dans la vie ;
- je visualise inconsciemment un avenir défavorable ;
- ma liaison à l'Esprit universel est trop faible.

Exercices relatifs aux différents thèmes

Modèles inconscients et empreintes anciennes

Nous avons appris à ne pas croire en notre force créatrice et même à en considérer l'idée comme naïve et absurde. Il n'est pas étonnant que, parfois, la connexion soit difficile.

Nous voudrions donc inculquer quelque chose de nouveau à notre subconscient. Comment faisons-nous cela ? D'une part, nous savons que les instants qui précèdent l'endormissement et ceux qui suivent immédiatement le réveil sont particulièrement réceptifs à une nouvelle programmation. Dans l'état de détente qui entoure l'état de sommeil, nos ondes cérébrales sont telles qu'elles étaient dans l'enfance, et nous savons que les enfants sont particulièrement aptes à un apprentissage rapide. D'autre part, nous ne sommes que trop enclins à penser que ce que le petit Pierrot n'a pas appris, le grand Pierre ne l'apprendra jamais. Or, si Pierre est correctement motivé et s'il combine l'apprentissage aux exercices de détente et à l'exercice suivant, il peut encore joliment apprendre tout ce qu'il veut. Et Pierrette aussi.

La suggestopédie est une nouvelle méthode d'apprentissage. Les suggestopédistes sont d'avis que seuls 7 % des êtres humains sont en mesure d'apprendre quelque chose par la seule écoute. Quand les impressions visuelles viennent s'ajouter, le pourcentage de ceux qui apprennent de cette manière se situerait autour de 30 %. Cela fait quand même plus de 50 % des gens qui ne retiennent rien par de telles méthodes d'apprentissage. Vient s'ajouter à cela le fait que personne ne peut apprendre sous la pression du rendement, en état de stress ou d'angoisse. D'ailleurs, Joachim Bauer mentionne aussi cela dans son livre sur les neurones miroirs. Il nous apprend que, sous la pression, le stress et l'angoisse, l'effet spéculaire des neurones se déconnecte et que la faculté d'apprentissage se bloque. Le Pr Spitzer formule la chose très exactement dans ses diverses publications.

Clairement formulé, cela signifie que l'école traditionnelle n'est rien d'autre qu'un obstacle à l'apprentissage. D'autant plus que l'étude PISA met encore davantage de pression, et que l'apprentissage s'en trouve encore plus entravé.

Pourtant, il ne faut pas regarder bien loin pour trouver les moyens d'une amélioration. Toute la Scandinavie nous dépasse sur ce point. « Tout dépend du départ » : telle est la devise des Scandinaves ; et l'école maternelle est conduite par une équipe de pédagogues, de psychologues et de thérapeutes bien formés – trois personnes hautement qualifiées s'occupant de dix à quinze enfants. Nous sommes loin du compte. Ces professionnels encouragent l'enfant par des exercices, des jeux et des images, de manière qu'il fasse mieux connaissance avec ses propres sentiments et que le choix d'un métier, plus tard, soit plus pertinent. Cela n'est possible que si l'enfant se perçoit lui-même de façon authentique et sait ce qui lui fait plaisir.

C'est avec joie que les enfants doivent se découvrir eux-mêmes et découvrir leurs aptitudes. C'est pourquoi, dans les écoles communales scandinaves, aucune note n'est attribuée jusqu'au cours moyen ! En outre, chaque enfant est encouragé à se tourner particulièrement vers les matières qui l'intéressent. Aucun élève n'est contraint de faire autant de mathématiques que le petit génie des maths si c'est l'anglais qui l'intéresse. Chacun a le droit de consolider ses points forts en fonction de ses intérêts.

Chez certains, cela évoquera sans doute Montessori. « Mais là, aucun enfant n'apprendra ce qu'il n'est pas obligé d'apprendre », craignent les enseignants standards. « Pourra-t-on ainsi passer le bac ? » demandent les parents les plus sceptiques.

Je ne puis que leur dire qu'ils se trompent : en Finlande, 72 % des élèves commencent des études universitaires malgré ce système scolaire, ou plutôt grâce à lui. Cela signifie que 72 % des élèves de l'école primaire continuent d'apprendre par pure motivation. Et cela peut se faire avec un minimum d'enseignants. Car, quand on n'a pas appris précocement à apprendre, il est vain de le faire plus tard, disent les Scandinaves, qui s'épargnent ainsi dans les grandes classes les investissements consentis dans les petites. Et la réussite leur donne raison.

Avec nos établissements handicapés, nous ne pouvons pas suivre. Chez nous, 36 % commencent des études supérieures, et le pourcentage d'interruption en cours d'études est particulièrement élevé. Dans nos écoles, nous élevons des jeunes qui ne se connaissent pas eux-mêmes, qui ne connaissent pas leurs penchants et qui ne s'aiment pas eux-mêmes.

Mais revenons-en à notre subconscient, auquel nous voulons inculquer quelque chose de nouveau. Nous savons que c'est dans la joie et le plaisir que nous apprenons le mieux. Nous n'avons pas encore tout dit sur la suggestopédie. Seule une petite minorité apprend par des données acoustiques ou optiques. Par quel truchement apprendrons-nous alors ? Par des actes, des mouvements et des sentiments qui nous sont propres et qui sont liés au contenu pédagogique.

Il existe des cours de week-end où sont enseignées les méthodes de la suggestopédie. Les participants reçoivent par exemple une poésie (ou, pis, une liste de vingt concepts techniques ressortissant au domaine des assurances). Chacun doit estimer le temps qu'il lui faut pour apprendre par cœur l'une et/ou l'autre. Les estimations s'échelonnent entre une heure et plusieurs heures, le plus souvent avec des gémissements horrifiés. Mais, en fait, tous apprennent parfaitement l'une et l'autre dans le plaisir et le rire, chacune en dix minutes. Comment cela se fait-il ?

De la poésie comme de la liste, le suggestopédiste fait de petites pièces de théâtre, qu'il fait danser, chanter et représenter par tout le groupe. Avec un peu de créativité, cela dure dix minutes, et les vingt concepts techniques sont assimilés pour les prochains mois ou même les prochaines années, sans autre fatigue.

C'est ce que nous allons faire maintenant.

Exercice

Quel article de foi, quel modèle voudrais-tu ancrer dans ton subconscient ? Prends des notes et trouve un petit texte rimé, une phrase que tu peux facilement noter. À titre de stimulation, voici quelques exemples pris chez les participants à mes séminaires :

- parce que je suis à moi-même un bon partenaire, j'attire aussi durablement celui-là sur la terre ;
- il pleut dans mon vécu... beaucoup d'écus ;
- toujours sage... avec un sourire sur le visage ;
- être un bon ami et avoir de bons amis, voilà le bonheur transmis ;
- une bonne santé contagieuse vaut mieux q'une maladie pouilleuse.

Et maintenant, le sketch : le mieux pour cela est un miroir reflétant le corps entier ou, à défaut, le plus grand miroir disponible dans la maison. Ou bien tu fais le sketch avec des amis. Dans les séminaires, nous bricolons nos sketchs par groupes de cinq. Puis chacun regarde les quatre autres participants présenter leur « pièce », car le groupe entier met en scène les sketchs de chaque participant. Ainsi, les autres sont, pour nous, un miroir.

Donc, tu te places devant un miroir et tu imagines un mouvement ou un petit sketch grâce à quoi tu peux exprimer ta phrase. Quelque chose qu'il t'est facile de noter et qui représente bien le contenu du message. Puis tu danses, chantes et sautilles ton nouveau modèle devant le miroir et tu l'imprimes ainsi en toi le mieux possible. Ainsi, tu as intégré l'ouïe, la vue, le mouvement, l'action et la détente ludique (danse, chant) à ton thème d'apprentissage. Essaye maintenant d'oublier tout cela ; ça ne marche pas ! Bien, et alors ?

La seule question est de savoir ce que tu vas danser devant le même miroir le lendemain matin ou un matin de la semaine suivante. Espérons que ce ne sera pas une danse les-yeux-en-berne-je-me-sens-comme-si-on-m'avait-réveillé-à-coups-de-marteau-encore-une-nouvelle-journée-c'est-affreux-la-danse !?

Tu n'oublieras plus jamais le message d'un sketch que tu auras conçu avec amour et créativité, même après une unique représentation, car un tel sketch correspond à notre manière naturelle d'apprendre. Mais, avant que le subconscient ne prenne en charge les contenus du sketch sous la forme d'une attitude standard, cela prendra généralement un peu de temps.

Plus tu es fort(e), mieux tu invertis tous tes sens et tes sentiments dans l'exercice, et plus cela ira vite.

Mais si tu t'éveilles le matin et que le premier sentiment qui émerge automatiquement est celui qui vient du sketch, alors tu sais qu'il s'est transformé en attitude standard. En attendant, tu peux représenter ton sketch devant le miroir tous les matins et tous les soirs. Même si cela ne te prend que trente secondes pour danser et déclamer trois fois, par exemple, tes quelques vers, sois simplement tout à fait présent(e). Le message deviendra alors une évidence pour ton subconscient.

L'énergie suit l'attention

Sur quoi diriges-tu essentiellement ton attention au cours de la journée ? Sur des insuffisances et des choses désagréables, ou bien sensiblement plus sur les nombreux petits cadeaux de la vie et ses aspects réjouissants ? Es-tu conscient(e) du fait que, autrefois, les rois et les empereurs n'avaient même pas l'eau courante, le chauffage central ni l'éclairage électrique ? Sans parler de la télévision, des machines à laver et des automobiles. Tu vis mieux que le dernier empereur de Chine. En es-tu reconnaissant(e) ? Ou bien es-tu amer/amère parce que ta salle de bains n'est pas assez bien carrelée ?

Clemens Maria Mohr (le confrère et auteur déjà mentionné) décrit la force de l'attention au moyen d'un merveilleux exemple : imagine une piste de ski de cent mètres de large, uniformément recouverte d'une neige parfaite et fraîchement damée. Un skieur débutant est en haut et, au milieu de la piste, se dresse un arbre unique. Le débutant fixe l'arbre avec angoisse. Parviendra-t-il à le contourner ? Malgré les cinquante mètres qui se trouvent de chaque côté, et bien qu'il n'ait encore aucune idée de la manière dont on prend les virages, notre débutant est mû par un mécanisme secret : une fine mécanique le conduit immanquablement sur l'arbre ! Telle est la loi de l'attention.

Dans la vie, il est impératif de diriger essentiellement son attention sur les choses que l'on veut atteindre, au lieu de la diriger sur celles que l'on veut éviter. Naturellement, cette loi est valable dans des limites réalistes et qui favorisent la vie. Si la piste n'a que trois mètres de large avec des pentes abruptes des deux côtés, il peut être utile d'accorder une certaine attention tant à l'arbre qu'au chemin. Sinon, on évitera peut-être l'obstacle de justesse, mais on prendra une grosse branche dans le visage parce qu'on n'aura pas voulu regarder. Cela n'a plus rien à voir avec la doctrine spirituelle de la sagesse. Cela tient plutôt du refoulement simplet.

Je sais qu'une **question** te vient déjà à l'esprit : la différence entre les deux exemples était ici très nette et très simple, mais qu'en est-il quand c'est moins simple, quand par exemple la piste a dix mètres de large et que l'arbre est un sapin de cinq mètres de large ? Ou bien, en posant la question autrement : où la limite se situe-t-elle entre une attention judicieusement dirigée sur le positif et le refoulement benêt ?

La **réponse** est simple : qu'on interroge le bon sens, donné personnellement à l'homme par la Création, mêlé au sentiment de bien-être. Réfléchis à ce qui paraît judicieux ; en cas de doute, imagine des scénarios et vois ce que tu ressens le mieux. La raison aussi est divine (voir le chapitre « Activation de l'intelligence universelle en nous »), et elle n'est donc pas à rejeter. « Aide-toi et le ciel t'aidera », dit la sagesse populaire. « Utilise tes dons universels et divins, et le reste te sera donné par surcroît », entend-on dans de nombreuses doctrines religieuses et spirituelles.

Les « dons divins », ce sont toutes les facultés dont tu disposes. Épluche les légumes, coupe-les menu et verse la sauce par-dessus en pensant que tu réalises un plat vulgaire : « étrangement », il aura un goût tout différent de celui préparé par une personne pleine de joie et d'estime pour la nourriture et la cuisine, qui aura utilisé les mêmes ingrédients. Dans plus d'un cloître, seuls les moines les plus purs et les plus sages ont le droit de préparer la nourriture de tous, car eux seuls sont en mesure d'y ajouter la force universelle et l'énergie de l'amour.

Bref : c'est la raison, mêlée à ton sentiment de l'inspiration universelle, qui te dira où est la limite dans la conduite consciente de l'attention sur ce qui est désirable. Et plus tu peux les mettre tous deux en œuvre avec estime, meilleur sera le goût de la nourriture – plus il s'écoulera automatiquement d'énergie universelle dans toutes tes actions.

Régler à nouveau les filtres internes et les vieilles sensations

Ce thème est étroitement lié à celui de la « direction de l'attention ». Ce sur quoi tu diriges le plus souvent ton attention dans la vie devient vite un filtre automatique dans le subconscient.

Regarde donc dans l'environnement où tu te trouves et compte combien de choses jaunes s'y trouvent. Puis ferme les yeux et... Il m'apparaît soudain que l'exercice ne fonctionne pas ainsi, par écrit. OK, mets-toi des œillères ou regarde ces lignes à travers un journal roulé, de manière à ne plus voir l'espace autour de toi.

Sais-tu encore tout ce qui est jaune ? C'est fou. Et avec un entraînement de la mémoire ?

Laisse le journal roulé devant tes yeux.

Qu'en est-il des choses rouges ? De combien de choses rouges peux-tu te souvenir sans tricher ? Passe-les en revue dans ta tête, et vérifie ensuite pour voir tout ce qu'il y a encore de rouge.

Tu constateras vraisemblablement que tu n'as pas perçu beaucoup de rouge parce que ton filtre interne était réglé sur jaune. Il en va de même dans la vie : règle le filtre intérieur sur

« la vie est un paquet géant de cadeaux », et des cadeaux, qui n'attendent que toi, se trouvent dans tous les coins. Règle le filtre sur « mes parents, déjà, ne recevaient pas de cadeaux, ils ont dû tout se procurer à la force du poignet », et tu ne feras jamais que combattre, combattre, combattre.

Vu que ces réglages de filtres sont constitués par ce sur quoi tu diriges ton attention de façon répétée, les mêmes exercices valent aussi bien pour le thème « diriger son attention sur le positif » que pour le thème « mettre en place les filtres souhaitables ».

Exercice A

Lorsqu'il s'agit de résoudre des problèmes (par exemple contourner un arbre sur une large piste), réfléchis à ton mode opératoire, soupèse les risques puis dirige ton attention sur le résultat désiré. Tu peux aussi noter le processus, ou le mettre en scène sous forme d'un sketch.

Exercice B

Si tu désires réajuster ton filtre intérieur, exerce-toi à la gratitude et à l'estime pour les petites choses de la vie. Ressens-toi comme le nouvel empereur de Chine. Tu vas encore mieux que l'ancien. Réjouis-toi de cela et de tes possibilités. Fais qu'il en sorte une nouvelle habitude et un nouveau modèle pour percevoir partout la beauté. Tu peux aussi te constituer chaque soir une liste des « petites beautés » et des « petites joies », ou bien les consigner dans un journal ouvert à cet effet.

Exercice C

Attends toujours le meilleur de la vie. Si ça n'arrive pas, ou si ça dure longtemps, au moins tu auras été de bonne humeur pendant tout ce temps-là. En outre, tu n'auras pas à te faire des reproches pour avoir attiré le moins bon. C'est un sentiment formidable que de savoir qu'on a tenté le meilleur. En revanche, c'est une frustration qui vous ronge que de penser que les choses ont peut-être pris un cours aussi défavorable parce qu'on a soi-même raté le coche au moment de donner une véritable chance à la vie.

Les attitudes d'attente ont aussi une énorme force. Mais, sur ce sujet, il y a assez de matière dans mes autres livres. (Si tu ne les as pas lus, tu peux aller sur Internet.)

Exercice D

Feuillette des journaux illustrés, des lettres, des journaux intimes ou de vieux albums de photos et, ce faisant, observe tes sentiments. N'esquive pas tes sentiments négatifs ; au contraire, perçois-les sciemment. « Ah, ah, j'ai aussi en moi de tels sentiments ! » Quelle que soit la négativité que paraisse avoir le sentiment (peur, envie, répulsion, infériorité, embarras, colère), examine-le attentivement, prends-le dans tes bras en pensée et aime-le.

Tu ne serais pas un être humain si de tels sentiments ne t'appartenaient pas aussi. Quand tu permets aux sentiments négatifs d'exister, tels qu'ils sont, et quand tu peux les embrasser avec amour, a) ils perdent leur pouvoir sur toi, b) ils cessent d'influencer négativement les réglages inconscients de tes filtres et c) ils se dissolvent parfois totalement. Par le simple fait d'avoir été ressentis et embrassés.

Il n'est nul besoin de faire grand cas de cet exercice ; on peut même s'en faire une habitude : on traite ainsi dans le quotidien tous les sentiments négatifs qui surviennent. « Eh bien, regarde donc si cela n'a pas un léger relent d'envie et de hargne... » Ressentir, ressentir, ressentir, « jouir » à grands traits et puis, intérieurement, embrasser dans l'amour.

« Sois, toi aussi, le bienvenu. Grâce à toi, je puis sûrement reconnaître combien je suis vivant(e). »

Les sentiments désagréables croissent par le refoulement et s'étiolent quand on les embrasse avec amour et qu'on les considère à la lumière de sa propre conscience. On peut aussi faire « en grand » cet exercice ou des exercices semblables – dans des séminaires ou avec un thérapeute – et traiter à cette occasion ses thèmes vitaux essentiels. Mais le petit bétail fait aussi du fumier, et l'eau, goutte à goutte, creuse le roc. Beaucoup de petits embrassements de petits sentiments font à la fin un tout considérable. Et tu as le temps. Beaucoup de temps. Si tu n'atteins pas l'Illumination dans cette vie, ce sera pour la prochaine – alors, pourquoi se stresser ?

L'expérience montre que les livraisons deviennent meilleures dès l'instant où tu te mets en route sur le chemin de la libération intérieure et sur le chemin de toi-même. Les commandes passées auprès de l'Univers ne sont donc pas une raison pour te mettre sous pression en vue de l'Illumination. Il suffit de se mettre en route. La seule chose qui soit insuffisante, c'est de se contenter de lire et de ne rien faire.

Nous renforçons de que nous observons

Voilà un autre aspect du thème relatif à l'attention. Non seulement nous attirons comme par un aimant ce sur quoi nous dirigeons notre attention, mais nous le renforçons et l'accroissons aussi.

Faisons un petit test. Es-tu en ce moment à court de temps ou quelque peu stressé(e) ? Probablement que non, car sinon tu ne lirais pas ce livre. Cherche à te souvenir d'une situation où tu étais stressé(e) et sous la pression du temps. À quel endroit de ton corps ressens-tu le plus fort cette sensation de stress ? Décris-le avec un maximum de précision.

Laisse-moi maintenant te donner un conseil : n'as-tu pas oublié quelque chose d'important, que tu voulais encore faire juste avant de t'installer commodément pour lire ? Ne devrais-tu pas te précipiter pour le faire ? Ou bien te sens-tu un peu plus tendu(e), moins détendu(e) qu'auparavant ?

Quand tu observes un sentiment en toi, tu lui communiques de l'énergie et il grandit. Il n'y a donc pas d'observations objectives. L'observation est déjà créatrice. Car si tu observais autre chose, c'est cette autre chose que tu renforcerais.

C'est exactement cela que nous faisons maintenant dans un deuxième test. Entre de nouveau en toi et évoque un moment de détente jouissive que tu as connu dans ta vie. Il y a toujours un souvenir ou une idée de la manière dont on ressent la paix totale, la détente, le calme intérieur et l'abandon. Peux-tu trouver en toi un tel souvenir ou une telle idée ? Comment ressens-tu cela cette fois-ci ? Où, dans ton corps, perçois-tu cette sensation le plus fortement ? Décris-la aussi précisément que possible sous toutes ses facettes.

Tu peux maintenant tirer tes propres conclusions. L'observation des sensations de stress a-t-elle renforcé les sensations de stress ? Et l'observation de la manière dont s'expriment la détente et la paix dans ton corps a-t-elle renforcé ces dernières ? Sens-tu combien l'observation est déjà un acte de création qui peut changer la réalité ?

Exercice

Quelqu'un, dans ton entourage, est en mauvaise forme et tu sens que sa morosité commence à te contaminer. Mets-la K.-O. en te concentrant sur ton ressenti quand tu es bien centré(e) dans ta détente. Le sentiment de ton congénère – qui cherche l'amour et ne le trouve pas – est probablement né de façon inconsciente. Tu as créé le tien consciemment. Il a plus de force. Il s'étend. Tu remarques cela au fait que ton vis-à-vis s'est tranquillisé en quelques minutes, qu'il respire profondément et cesse de maugréer.

Essaie cela dans ton couple. Tu peux réduire à un minimum la durée d'une dispute en t'abstenant de démarrer au quart de tour émotionnellement, en te concentrant sciemment, en restant bien centré(e), en t'aimant toi-même et en cultivant le calme et l'abandon. « Tu cherches l'amour et ne le trouves pas en ce moment ; c'est ton problème ; je vais bien », peux-tu encore te dire intérieurement. En observant ce sentiment en toi-même, tu le fais grandir hors de toi-même et tu le communiques à ton/ta partenaire, au sens positif du terme. Il/elle perd l'envie de poursuivre la dispute.

Raccourci – l'Univers en ligne

Petit mais beau – et peut-être l'un des meilleurs exercices qui soient !

Inspire et imagine que tu pourrais en inspirant communiquer en ligne avec l'Univers ; l'Univers est toujours là (comme Internet, mais en mieux, car il ne nécessite ni électricité ni ordinateur), il te suffit de cliquer pour entrer dans sa force.

Ouvre ton cœur et regarde tout ce qui t'entoure avec un cœur ouvert et une bonne connexion avec l'au-delà.

- *Si quelque chose t'irrite, fais quelque chose d'absurde et remercie de pouvoir le faire ou le vivre, et observe si, ce faisant, quelque chose change en toi.*
- *Si quelque chose te plaît particulièrement, envoie par la pensée un e-mail à l'Univers et partage avec lui ce qui est beau comme tu le ferais avec ton/ta meilleur(e) ami(e).*

Terminé.

Durée : dix secondes. Peut être répété à volonté et renforce la connexion avec l'au-delà, chaque fois un peu plus.

Le journal des transformations

Un « journal des transformations » constitue une autre possibilité de réajuster les modèles intérieurs, le pilotage de l'attention et les filtres internes. À mon avis, il apporte plus de changements en trois mois que cinq années d'une vie d'efforts. C'est mon exercice préféré entre tous pour changer les vieux modèles. Mais cela ne signifie pas qu'il le sera aussi pour toi. Cherche toi-même ton exercice préféré. ☺

Commençons par un exemple : imagine que tu es à cran, revêche et agressive, et que tu cherches quelqu'un sur qui décharger ta bile. Oui, oui, je sais que tu ne ferais jamais cela dans la réalité.

Imagine quand même, pour l'exemple, que tu te présentes dans cette humeur devant trois maisons, et que quelqu'un sort de chacune d'elles. Devant la première maison, il y a quelqu'un qui t'a récemment irrité(e) et à qui tu n'as pas encore eu l'occasion de dire ses quatre vérités. Il ou elle a l'air aussi mal luné(e) que toi. Comment te sens-tu ? Trouverais-tu bon de dire ta façon de penser à cette personne, dans l'humeur où elle est ?

Devant la deuxième maison se tient aussi une personne qui t'irrite fréquemment. Cette personne baisse la tête d'un air déprimé et montre clairement qu'elle te rend responsable de tout. C'est une pauvre victime, et tu es sans cœur. Qu'aimerais-tu dire à cette « pauvre nouille » dans ton humeur présente ?

Quelqu'un se tient aussi sur le seuil de la troisième maison. Quelqu'un encore avec qui tu es en conflit. Cette personne, cependant, rit joyeusement et franchement. Elle est parfaitement centrée et te fait une impression de clarté et de souveraineté. N'oublie pas : toi-même, tu es toujours revêche.

Tu dois maintenant discuter avec les trois personnes. Vers qui iras-tu en premier, et comment lui parleras-tu ? Imagine que tu es très en colère et que toutes trois contrarient tes desseins. Imagine comment, et sur quel ton, tu vas parler avec chacune des trois, et comment tu te sens en ces occasions. Fais surtout attention à tes sentiments.

Crois-tu, après avoir fait l'exercice en pensée, que tu parleras à chacune des trois personnes de manière que tu en sois encore satisfait(e) le soir ou le lendemain? Te comportes-tu aussi dans les périodes de crise comme tu le voudrais et comme tu le juges optimum ? Ou bien déraillestu ? Quand tu es sous pression, réagis-tu souvent conformément à d'anciennes habitudes, à de vieux modèles – comme nous le faisons presque tous ? Ou bien préférerais-tu posséder la liberté intérieure et pouvoir gérer tout différemment de telles situations ?

Dans l'affirmative : bienvenue au club. Alors, l'exercice que je t'offre maintenant est tout à fait approprié pour que tu évolues plus en trois mois dans la direction de la personne que tu voudrais devenir, que tu n'as pu y réussir au cours des cinq dernières années. C'est du moins ce que promettent les Drs Mansukh Patel et Savitri dans le petit livre intitulé *Mastering the Laws of Relationship* [*la Maîtrise des lois relationnelles*]. Et je les crois parce que j'ai essayé l'exercice – sous une forme légèrement modifiée – et parce que quelques-unes de mes connaissances l'ont aussi testé avec un grand succès. D'ailleurs, je l'ai déjà entendu, sous une forme analogue, dans la bouche de nombreux maîtres spirituels. Je présente ici ma variante :

Exercice A

L'idée de base est la suivante : chaque soir, avant de t'endormir, tu te ménages dix ou quinze minutes de tranquillité pour toi seul(e).

Variante 1 (celle que j'ai faite)
Rappelle-toi brièvement les événements de la journée et note les points principaux : « Petit déjeuner chez Thomas, courses avec Marthe, chant des enfants, ménage » ; cela suffit. Il n'est nul besoin d'être plus précis. Puis rappelle-toi la journée avec un peu plus de précision et fais-en dérouler le film en esprit. Y a-t-il eu des choses que tu aurais volontiers faites autrement quand tu les considères *a posteriori* ? Dans l'affirmative, commence maintenant le travail écrit. Réfléchis à la manière dont tu aurais préféré réagir et **écris le résultat comme si tu l'avais déjà fait.**

Exemple : tu as englouti le petit déjeuner savoureux chez Thomas et tu n'en as pas joui correctement. Tu aurais voulu faire autrement. Alors, écris dans ton journal des transformations : « Lors de mon petit déjeuner avec Thomas, j'ai savouré chaque bouchée, que j'ai mâchée lentement et avec attention. »

Tu peux faire la même chose avec les situations de conflit, de dispute, d'impatience, d'absence d'esprit, de manque de gratitude, de moments de bonheur manqués, avec toutes les situations. Note-les comme si tu les avais vécues de façon optimale.

Le truc, c'est que tu te représentes vivement les situations transformées « à l'optimale » et que tu les notes – également optimisées. Puis tu vas dormir. Et ton cher inconscient, qui ne perçoit le monde qu'à travers tes pensées et tes sentiments, note ces situations optimisées comme dernière impression de la journée. Il ne sait pas distinguer si tu as vécu cela ainsi ou bien si c'est le fruit de ton imagination.

Si, pendant trois mois, tu optimises ainsi quotidiennement, il arrive un moment où, après quelques semaines, tu ne réagis plus immédiatement conformément à de vieux modèles dans les situations de crise. Mais tu t'arrêtes automatiquement et la pensée s'insinue : « Stop ! Qu'est-ce que je voudrais écrire ce soir dans mon journal des transformations ? Et, à partir de ce jour, tu peux être chaque jour davantage celui/celle que tu voudrais être.

Depuis, j'ai souvent recommandé ce journal des transformations, et un couple jusque-là très bagarreur m'a rapporté qu'il s'était beaucoup calmé. Et cela bien que, les deux premiers mois, seul le monsieur eût tenu un journal des transformations.

Que s'est-il passé ? Rappelle-toi la situation imaginaire d'avant, quand tu étais revêche et que tu devais clarifier ta mauvaise humeur avec trois personnes différentes. Sur celui qui vous fait des reproches ou qui se montre lui-même agressif, on peut facilement décharger sa propre colère. D'une manière ou d'une autre, on peut même considérer cela comme justifié. En fin de compte, il n'a que ce qu'il mérite. Mais vas-tu crier après celui qui, bien centré, t'accueille aimablement ? Sûrement pas. Imagine maintenant celui qui fait la moue et joue les pauvres victimes. On ne va pas crier après lui non plus, n'est-ce pas ? Sinon, on aurait l'air tellement bête ! Alors, on laisse tomber.

C'est exactement cela que les deux partenaires du couple ont rapporté. Auparavant, l'homme sortait toujours de ses gonds quand sa compagne ne cessait de l'asticoter, de lui faire des reproches et de bouder. Alors, il devenait agressif avec elle. Ensuite, il écrivit chaque soir, dans son journal des transformations, des choses telles que « Je reste bien centré, quoi qu'elle fasse ou dise. Je m'aime comme je suis ; quoi qu'elle dise, je m'aime bien. Je vais bien. Si elle veut être méchante, c'est son problème. » Et : « Je lui ai dit qu'elle ne doit pas gâter ma bonne humeur, mais décharger ailleurs son agressivité et revenir quand elle peut de nouveau parler normalement avec moi. Alors, je l'écoute volontiers. »

Il est amusant de constater que, en fait, il n'a jamais réussi à prononcer les deux dernières phrases. Car quand elle commençait à rouspéter, et qu'il restait malgré tout calme et de bonne humeur, elle se faisait l'effet d'être idiote et, automatiquement, elle adoptait très vite un autre ton – et cela en quelques minutes. Il n'avait pas besoin d'en dire plus.

À un certain moment, la force de ce mystérieux journal des transformations lui plut, et elle commença elle-même à en tenir un. Bientôt, on lui offrit de l'avancement parce que, soudain, elle pouvait résoudre des situations pour lesquelles elle n'avait auparavant que boudé et gémi. Tout le monde en fut frappé, et on trouva qu'elle avait suffisamment évolué pour devenir cadre, de sorte qu'on lui adjoignit une équipe de deux collaborateurs et qu'on lui offrit une autre activité. Cela se produisit – si je m'en souviens bien – trois mois après qu'elle eut commencé à tenir son journal des transformations.

La dernière fois que je lui parlai, elle me dit qu'elle avait maintenant recommencé à écrire un journal des transformations. Des défis tout à fait nouveaux, auxquels elle ne s'attendait pas, lui étaient lancés dans son nouveau job. Après avoir été catapultée deux fois, elle écrivait maintenant de nouveau un journal des transformations afin de s'élever à un niveau de conscience supérieur. Qui sait, peut-être allait-on lui octroyer une équipe encore plus importante... La dame est ambitieuse.

Mais – c'est ce que je trouve et c'est ce que disent tous ceux qui ont tenu un journal des transformations pendant trois mois – cela fait un plaisir fou d'observer les résultats sur soi et de vivre une souveraineté croissante, que l'on gagne constamment pendant l'écriture du journal des transformations. En outre – et c'est aussi de cela qu'il s'agit dans ce livre – nous élevons ainsi considérablement notre niveau de vibration. Plus nous sommes centré(e)s, plus nous sommes souverain(e)s et vivons notre potentiel maximum, et plus notre connexion directe avec l'Univers s'améliore. Et ainsi, au lieu de nous engager dans le cercle vicieux bien connu, nous nous engageons dans un cercle cosmique : tout tourne de mieux en mieux, de plus en plus rond.

Variante 2 (la « version Patel »)

Le Dr Patel est un savant, un philosophe de renommée mondiale et un auteur. Il offre une variante un peu plus spirituelle et visuelle. On s'assoit pour se détendre, avec une bougie devant soi. Au bout d'un moment, on ferme les yeux et l'on se représente un écran devant son œil intérieur – écran sur lequel se déroule le film des événements du jour. Un film qui commence avec le lever du matin et qui va jusqu'au moment où l'on est assis(e) devant le bougie.

Ensuite, on se remercie soi-même, avec une gratitude profondément éprouvée, pour tout ce que l'on a fait.

Maintenant, on repasse le film en marche arrière et on remplace chaque conflit, et tout ce qu'on n'a pas accompli de façon optimale, par une scène telle qu'on aurait préféré la vivre du point de vue actuel. On refait simplement quelques scènes du film de la journée. Tout de suite après, on va dormir.

Variante 3 (selon Jes Lim)

C'est à une conférence de Jes Lim (maître spirituel et professeur de feng shui) que j'ai pour la première fois eu connaissance de cet exercice, il y a bien longtemps. Il proposait à l'époque que l'on se préparât déjà au sommeil dans son lit, puis qu'on se repassât en pensée la journée écoulée et qu'on l'optimisât pareillement. Cependant, je n'ai pas personnellement utilisé cette méthode pendant longtemps, tout au plus quand j'avais des problèmes d'endormissement. En effet, dans la tentative d'optimiser ma journée en pensée, en position allongée, je m'endormais chaque fois aussitôt. Il me semblait que l'inconscient se défendait avec véhémence contre des modifications aussi graves et qu'il envoyait immédiatement des ondes de sommeil dans la conscience – et hop, j'étais partie !

Je peux imaginer que la méthode Patel est préférable pour beaucoup de gens – plus romantique et plus intense que ma méthode d'écriture. Mais je pars constamment à la dérive et je me torture copieusement dans la journée pour simplement ne rien omettre. Écrire est pour moi beaucoup plus simple et plus relaxant. Mais la mise en pratique précise de cette technique importe peu. Tu peux élaborer ta propre méthode. Ce qui est important, c'est que tu le fasses juste avant de t'endormir. Les plus appliqué(e)s relisent encore une fois au matin, après le lever, ce qu'ils/elles ont écrit dans la nuit (s'ils/elles ont choisi la technique d'écriture). Cela accélère naturellement la turbine. ☺

* * *

Neale Donald Walsch, auteur de plusieurs volumes sur ses *Conversations avec Dieu,* dit qu'actuellement des millions de personnes espèrent que leurs pensées les plus hautes et les plus pleines d'espoir sur la vie pourraient être vraies. C'est seulement ainsi que pourrait s'expliquer l'importance de son lectorat (sept millions de lecteurs). Nous tous pouvons contribuer à ce que cette vision supérieure devienne vraie. Chaque fois que quelqu'un dérive dans de profondes vallées vibratoires, ou bien se comporte comme un chat sauvage, sois celui qui le regarde et pense – ou bien le dit tout haut si tu as les nerfs solides – : « Je sais qui tu es vraiment, car je vois le divin en toi, même si tu l'as oublié pour le moment. » Cela serait une action qui aurait des effets transformationnels gigantesques.

Et, bien entendu, cela a un effet transformationnel tout aussi gigantesque quand nous tenons un journal en nous rappelant nous-mêmes qui nous sommes véritablement : des êtres spirituels et des aspects de la conscience divine qui font actuellement une expérience humaine – et nullement des êtres humains qui, de temps en temps, font une expérience spirituelle –, comme nous le disait déjà Pierre Teilhard de Chardin.

De plus en plus de scientifiques parviennent aujourd'hui au résultat selon lequel la base de l'Univers n'est pas la matière, mais la conscience. Souviens-t'en toi-même avec ton journal des transformations dans un quotidien qui veut nous leurrer avec d'autres choses. Rappelle-toi toi-même, quotidiennement, ta vision supérieure de la vie, ou bien recrée-la dès maintenant et sois celui/celle qui la diffuse dans le monde. L'énergie suit l'attention, et chacun peut contribuer à diriger les énergies dans une direction constructive.

Exercice B

Le journal des transformations peut notamment changer et améliorer nos rapports d'une façon positive. Mais cela exige une certaine dose d'autodiscipline, car dès qu'on s'interrompt un seul jour, les vieux modèles relèvent la tête avec force, et l'on peut recommencer ses trois mois dès le début si l'on veut obtenir l'effet maximal.

Une « variante économique » rapide, pour améliorer les relations, consiste à s'ouvrir sciemment à la perception de l'état dans lequel l'autre se sent en ce moment. Cela améliore toutes sortes de relations et éduque la perception fine. Il n'est pas nécessaire d'en faire retour à l'autre. Il suffit de le faire : s'ouvrir et percevoir. Quelque chose, en l'autre, le perçoit.

L'autre se sent vu et apprécié, et cela exerce une action incroyablement tranquillisante.

Cet exercice, toutefois, ne va pas aussi profond que le journal des transformations. Si tu veux le faire, mais si tu oublies constamment, tu peux le reprendre dans ton journal ; c'est-à-dire que tu écris le soir dans ton journal que tu te serais totalement ouvert et aurais senti comment l'autre se sent. Tu fais cela jusqu'à ce que, dans la journée, l'idée t'en vienne réellement à temps.

L'amour de soi

Dans notre action sur les autres, comme nous l'avons déjà dit, les mots ne comptent que pour 7 % ; les autres 93 % résultent du ton de la voix, du langage corporel et de la mimique. Ou, comme l'écrit Joachim Bauer, « nos neurones miroirs simulent en nous les états affectifs de notre interlocuteur ».

Qui donc, crois-tu, irait avec une joie particulière vers une personne qui apparaît comme indigne d'être aimée ? Personne. Aussi bien des partenaires potentiels que des loueurs potentiels, de nouveaux chefs et même des livreurs de l'Univers feraient un détour pour éviter de telles personnes. Instinctivement, nos congénères sentent notre manque d'amour pour nous-même et se sentent repoussés par cela. L'amour nous attire ; le manque d'amour nous repousse. C'est une loi de la nature.

Chacun aide volontiers les gens qu'il perçoit comme dignes d'amour. Et quand tu t'aimes toi-même, tu es le plus souvent catalogué(e) comme digne d'amour par les autres. Or, il peut arriver que, vue de l'extérieur, une personne ayant une piètre idée de sa propre valeur soit malgré tout, de par son caractère fondamental, beaucoup plus aimable et amicale que telle ou telle autre qui s'aime elle-même.

Il y a là un PIÈGE : peut-être as-tu déjà eu l'occasion de rencontrer des personnes bruyantes qui avaient une haute idée d'elles-mêmes, teintée d'affectation, et tu en as conçu une impression désagréable. Et tu penses maintenant que l'amour de soi est un signe d'arrogance ou de surestimation de soi. Tu rejettes alors l'amour de soi et ne l'atteindras jamais parce que tu ne veux pas être comme ces personnes tonitruantes et imbues d'elles-mêmes.

SOLUTION :

Premièrement : par amour de soi authentique, j'entends qu'on s'aime tellement que l'on admet aussi de prêter attention aux impulsions et tons doux. Aussi bien en soi-même qu'à l'extérieur. Une personne bruyante a, fondamentalement, quelque chose à cacher. Si l'on a un doute, c'est que le sentiment de la valeur propre n'est qu'affecté, et il y a sous le masque quelqu'un qui se considère comme un loser.

Si par hasard tu es une telle personne, alors laisse-moi te dire que ta vraie nature est universelle et divine. Et si tu as en toi un loser, il est peut-être temps de le regarder et de racheter le loser, afin qu'il puisse être de nouveau une petite étincelle lumineuse et divine et un aspect précieux du Tout unifié.

Plus tu actives fortement en toi l'amour authentique de toi-même, plus il te sera facile d'aimer aussi l'aspect loser qui est en toi. Et plus tu peux t'aimer avec cet aspect et avec tes faiblesses, plus ton sentiment de ta valeur sera authentique.

Si tu crains d'être une personne apparaissant comme bruyante et affectée, alors comprends que l'amour de soi véritable et universel n'a peur ni des mots bruyants ni d'autrui. Et la véritable raison pour laquelle tu as peur de telles gens, c'est qu'ils reflètent un sentiment que tu as aussi toi-même. Ils le gèrent seulement un peu différemment. ☺

Exercice

À titre d'exercice préparatoire, tu peux, un mois durant, établir sciemment avec toutes les personnes que tu rencontres un contact visuel et passer en revue l'être véritable et parfait qui est chez l'autre. Cherche la beauté en l'autre à travers ses yeux. Les yeux sont la porte de l'âme. À certains moments, tout le Cosmos et toute la force du Tout unifié peuvent se refléter dans les yeux d'une personne.

Une fois que tu t'es exercé(e) pendant un mois à ce regard particulier, place-toi devant le miroir et regarde dans tes propres yeux. Que vois-tu ? Qu'expriment les yeux qui te regardent là ? Ton exercice, maintenant, consiste à percevoir différentes expressions des yeux. Considère tes propres yeux depuis la position d'observateur. Que vois-tu ? Peut-être quelques-unes de tes faiblesses se reflètent-elles dans l'expression de tes yeux. Peut-être n'ont-ils pas l'air très franc et animé, mais paraissent-ils vides et absents. Regarde avec acuité. Et puis prends-toi toi-même dans tes bras et aime tout ce que tu vois. Tu peux embrasser tout ton corps, le caresser et dire : « J'abandonne dans l'amour tout ce qui me surcharge et je me relie de nouveau à la beauté, à la santé, à la totalité de l'âme et au soi universel. »

Trouve la position de tes mains et l'attitude de ton corps qui veulent être particulièrement tenues. Envoie-toi à toi-même, de tout ton cœur, amour et acceptation. Si tu trouves intuitivement l'attitude correcte et la position qui convient, l'expression de tes yeux change. Elle se charge d'amour, s'anime – calme, tranquille, joyeuse et infiniment profonde à la fois.

Regarde-toi encore une fois avec intensité et de très près dans les yeux (dans ta salle de bains, dans le miroir au-dessus du lavabo ; si le miroir est trop éloigné, rapproche-t-en aussi près que tu le ferais avec ton/ta bien-aimé[e] ; sois à toi-même ton/ta propre bien-aimé[e]). Et fais maintenant avec toi-même ce que tu as fait pendant un mois avec les autres.

Cherche la perfection et l'âme dans tes propres yeux. Et ne t'étonne pas si tu doutes soudain d'être encore toi-même. La perception transcendantale de ton être universel, indépendamment de ton incarnation, peut survenir et est normale dans cet exercice. Si cet effet devait se manifester chez toi, tu pourrais le ressentir au début comme un peu étrange et semblable à une perte d'identité. Puis regarde encore une fois avec plus d'acuité et tu verras que tu n'es pas sur le point de perdre quelque chose, mais de te rappeler que tu es encore beaucoup plus. Tu es et tu as le droit d'être ce que tu es dans cette vie. Mais tu es et tu as le droit d'être encore beaucoup plus. Rencontre ton âme immortelle dans tes propres yeux et accepte-la avec amour.

C'est un exercice extrêmement puissant pour rayonner l'amour de soi. Si tu fais cet exercice assez souvent – comme pour l'exercice du sketch –, jusqu'à ce que cette expression chargée d'âme de tes yeux soit devenue ton expression normale, alors tu pourras te préparer à voir les gens passer ta porte. Ils viendront sans vouloir beaucoup discuter ; ils voudront simplement rester assis là, détendus en ta présence, et être tout à fait eux-mêmes. Et parmi eux, il y aura des hordes de livreurs universels, qui eux aussi voudront être tout près de toi. Te livrer ce qui jaillit de ton cœur en souhaits sera pour eux la plus grande des joies.

Des pensées lumineuses

Nous sommes comme une sorte de station de radio. Nous émettons constamment telle ou telle pensée, et ces pensées atteignent, au moins dans leur qualité fondamentale, notre vis-à-vis. Dans mon livre *Comment « faire des réclamations auprès de l'Univers »,* j'ai décrit la vieille théorie spirituelle – et qui est aujourd'hui également soutenue par quelques physiciens quantiques – selon laquelle la lumière est la pierre de construction de tout. La physique quantique considère la lumière comme la pierre de construction de la matière tout entière, et quelques maîtres spirituels partent du principe que tout – y compris nos sentiments et la totalité des situations de vie – est constitué, en dernière analyse, de lumière.

Qui voudrait manifester ou créer quelque chose a donc besoin de beaucoup de lumière en soi, parce que cette dernière est la pierre de construction de tout. C'est aussi la raison pour laquelle les pensées lumineuses sont dotées de plus de force créatrice que ne le sont les pensées sombres et angoissées. Plus mes pensées sont ténébreuses, plus je dois me soucier de mon bric-à-brac, et plus je dois employer, sur le plan matériel, de force méca-

Attention : raccourci !

Es-tu à présent complètement plongé(e) dans ce que tu viens de lire ? Ça ne fait rien. INSPIRE tout de même consciemment, mets-toi en ligne, en pensée, avec l'Univers, ouvre ton cœur et, le cœur ouvert, poursuis la lecture. Laisse ton cœur ouvert même aux choses désagréables. Il te sera plus facile de trouver des solutions ou de les gérer.

nique. Plus mes pensées sont lumineuses, plus la force de l'Esprit universel accourt à mon aide.

Si par exemple j'injurie une verrue importune, lui demandant de disparaître, il y a peu de chances qu'elle le fasse. Si en revanche je « m'adresse à elle » dans une humeur d'amour et de lumière, la priant de disparaître, elle le fait fréquemment.

Ou bien imagine un homme ayant des problèmes d'érection. Est-ce que la rage, la colère et la frustration résoudront le problème, ou bien des pensées confiantes et lumineuses auront-elles plus de chances ?

Il s'agit donc de produire des pensées plus lumineuses, d'une part parce que cela est fondamentalement plus beau et donne plus de joie ; d'autre part parce que cela améliore la réussite de nos commandes. ☺

Voici un exemple actuel, « pris sur le vif », de la manière dont ça peut marcher, un exemple qui me concerne, en ce moment : je partage avec un chat la pièce où je suis en train d'écrire. Il est vieux, perd ses poils et a piètre allure. Je dois ajouter que ce n'est pas mon chat. Mais, parce qu'il est difficile de se concentrer longtemps avec de petits enfants dans la maison quand on écrit un livre, je me suis installée pendant trois jours chez des amis. Et ce sont mes amis qui, justement, ont ce chat. Une douzaine de fois par jour, il se tient devant la porte de la terrasse et voudrait sortir dans le jardin. Peu après, il veut rentrer. Comme il fait assez froid dehors et que je ne voudrais pas laisser geler le vieux chat, je dois constamment me lever et jouer les majordomes pour l'animal.

Parfois, il est dans la pièce et fait toutes sortes de bruits étranges, ce qui ne facilite pas non plus la concentration. Mais je suppose qu'il ne peut pas s'en empêcher. Il est tout simplement vieux. Je me surpris parfois à penser : « Eh, vilaine créature, ne peux-tu pas sortir, rester dehors et disparaître simplement de ma vue ? »

C'était le moment où j'avais une occasion de m'exercer à produire des pensées plus lumineuses. Car le fait qu'il soit vieux et laid est loin de décrire complètement le chat. Comme chacun et chacune, il est une créature de l'Univers et voudrait donner et recevoir de l'amour. Que voulons-nous d'autres, réellement ? On en revient toujours à ça, en fin de compte.

Donc, je changeai mes pensées et je dis au chat : « OK, je suppose que tout ce que tu veux, comme tout le monde, c'est un peu d'amour. Excuse mes pensées inamicales. Tu peux aller où tu veux. Je continuerai d'ouvrir la porte pour toi. »

J'eus aussitôt un nouveau problème. Le chat semblait aimer ma harangue. Car il sauta sur le siège où j'étais assise et se frotta à mon dos. Ce qu'il ne fait presque jamais avec des étrangers, comme me l'avaient dit mes amis. Je m'efforçai de ne pas penser qu'il allait gâter ma veste avec ses poils. Puis il miaula bruyamment et voulut partager le coussin de mon siège. Bravo ! Il était maintenant assis et regardait mon carnet de notes comme s'il pouvait lire ce que j'écrivais.

Définitivement, je ne pouvais plus me concentrer. Je fis donc une pause et accordai au chat quelques caresses. Il est très frêle et instable, je dus procéder avec beaucoup de prudence. Je souhaitai au chat une vieillesse heureuse et une mort paisible, quand le moment serait venu. Il sembla apprécier, car il resta un long moment assis près de moi. Honnêtement, j'ai du mal à dire qui de nous deux, le chat ou moi, tira le meilleur profit de cette pause.

Finalement, mon minet hirsute en eut assez, et il voulut de nouveau sortir. Intérieurement en paix avec moi-même, je me levai et le fis sortir – une fois de plus. Et devine : il resta dehors pendant des heures, et je pus enfin travailler sans être dérangée ! Il ne rentra que tard dans la soirée et se glissa immédiatement sur son paillasson pour dormir. Peut-être, par ses allées et venues incessantes, avait-il seulement essayé d'obtenir de l'attention, comme le font aussi volontiers les petits enfants quand on est trop accaparé par les travaux domestiques.

Exercice

Voici quelques pensées possibles pour te transformer quand tu te prends sur le fait d'émettre des pensées négatives sur d'autres, dans le monde. Tu peux aussi écrire tes pensées favorites sur un petit billet que tu conserveras dans ton porte-monnaie.

- Je suis sûr(e) que, en fin de compte, toi aussi, tu ne recherches que plus d'amour dans ta vie, comme les autres.
- Je te remercie de me renvoyer aussi nettement mes pensées.
- Merci de me donner l'occasion de m'entraîner à penser.
- La paix soit avec toi.

La confiance

Nous pouvons mettre en mouvement, à notre intention, la totalité de l'Univers, quand nous comprenons que nous ne devons pas savoir comment il le fait. Ce mode de pensée nous est inhabituel. Nous sommes d'avis que ce que nous ne comprenons pas ne vaut rien ; or, c'est souvent l'inverse.

Dans le film déjà mentionné *What the Bleep do we know !?,* des chercheurs prennent la parole, qui partent du principe que notre cerveau traite les informations au rythme de 400 milliards de bits par seconde. Sur ce total, la raison consciente n'occupe que 2 000 bits par seconde. Cela veut dire que le subconscient traite par seconde deux cents millions de fois plus d'informations que ne le fait la raison consciente.

Et cela n'est que notre chétif subconscient local. Or, nous pouvons encore multiplier ce dernier par le subconscient de tous les autres hommes, ainsi que par l'intelligence subliminale de toute la nature environnante – et alors nous pouvons nous représenter à quel point c'est une bonne idée de lui faire simplement confiance, parce que notre raison est tout simplement trop petite pour saisir et pour appréhender le tout de la vie.

Mais voilà que s'insinue déjà la petite voix fielleuse de nos peurs intérieures secrètes : pouvons-nous véritablement faire confiance à la nature, ou bien n'est-il pas préférable de contrôler un maximum pour ne pas se faire avoir par elle ?

Si nous pouvons faire confiance à quelqu'un, alors c'est bien à la nature et à l'Esprit universel. Einstein, déjà, avait découvert que la nature tend vers l'harmonie. Nous obtenons les meilleurs résultats possibles non pas quand nous pouvons calculer un maximum, mais quand nous pouvons observer et imiter la nature. Le chercheur et inventeur Viktor Schauberger a obtenu de cette manière d'étonnants résultats en rapport avec l'eau. Il a simplement observé la nature et fait confiance à sa sagesse.

Nombre de communautés spirituelles et de groupes indépendants des religions, notamment les soufis, organisent des retraites au calme fondées sur l'hypothèse que notre âme s'oriente automatiquement vers l'harmonie et la santé quand nous pouvons lâcher, fût-ce un moment, nos pensées de contrôle, de stress et d'angoisse.

Exercice

Dans la vie quotidienne, pratique tout ce que tu fais aussi bien que tu le peux véritablement (ou, disons, chaque jour un petit peu mieux). En d'autres termes, n'agis pas en rechignant, mais mets-y du cœur et tire de toute chose le meilleur.

Quand tu vas au kiosque du coin, efforce-toi de respecter tous ceux que tu rencontres, de voir le meilleur en chacun – et cela de tout ton cœur. Il n'est pas nécessaire de transformer ton sourire en rictus au point de te faire mal, ni de remercier surabondamment le vendeur pour ton journal quotidien, comme s'il venait de te sauver la vie. Tout l'art est de ne pas exagérer, mais de trouver le point où tu laisses derrière toi, véritablement, de petits cadeaux de gratitude, un sourire chez la personne que tu rencontres. Ce faisant, ta priorité suprême est de te sentir bien avec toi-même.

Quand il est nécessaire que tu te démarques, fais-le alors avec respect et aimablement, quand c'est possible. On peut aussi émettre du respect par ses pensées et par son cœur, même quand il est parfois indispensable d'être un peu plus ferme. Quelque chose en l'autre sentira avec quelle qualité intérieure tu te démarques. Tu connais cela aussi, sûrement : tu acceptes mieux la critique des gens qui ont envers toi une attitude bienveillante que celle des personnes chez lesquelles tu sens du rejet.

Donc, tu fais de ton mieux, et tu le fais de tout ton cœur. Mais qu'est-ce que cela a à voir avec la confiance ? C'est ça qui est génial : plus tu abordes la vie de cette manière, plus la vie commence à TE faire confiance ! Et cette confiance va se refléter en toi. Tu vas sentir que la vie te fait confiance, et cela te donnera aussi de la confiance envers la vie. Vraiment génial, non ?

Et, de nouveau, notre bref encart publicitaire – mais non, c'est votre raccourci, naturellement :

Inspire, connecte-toi, ouvre ton cœur et poursuis ta lecture !

C'est qu'en effet il est extraordinairement difficile de lâcher les vieux modèles faits de méfiance, de soucis et de manie du contrôle quand la vie, à l'extérieur, donne l'impression de devoir susciter la méfiance. Grâce à ce truc, petit mais efficace, tu commences subrepticement à être une personne à qui on peut globalement faire confiance. Tu peux faire cela à tout moment. Tu peux commencer à n'importe quel moment à être une personne en qui tous les autres peuvent avoir confiance. Et, tu l'auras remarqué, la vie te renvoie la confiance que tu accordes aux autres, de sorte qu'il te devient très facile de faire davantage confiance à la vie.

Imagine qu'un de tes collègues commette des erreurs. Au lieu de les lui reprocher avec agressivité, tu l'aides à les rectifier avant que d'autres ne ronchonnent. Le collègue aura le sentiment de pouvoir te faire confiance. Et la vie te renverra la confiance, peut-être à un tout autre endroit. Plus tu donnes, plus tu recevras en retour.

Quoi qu'il en soit : investis-toi toi-même au premier chef. Cet exercice – « Souscris un engagement plus fort envers toi-même » – est déjà amplement décrit dans mon premier livre *Comment « passer commande auprès de l'Univers »*, et je n'ai rien à y ajouter. D'autant que je présume que quiconque lit le présent livre a déjà lu mon premier. Si ce n'est pas le cas, tu trouveras sûrement quelqu'un à qui l'emprunter. ☺

Créativité et spontanéité

La créativité a quelque chose à voir avec l'amour de soi. Qui n'a pas peur d'être blâmé ni de perdre son image peut tenter des choses inhabituelles et donner des ailes à sa créativité. Quand on a peur des regards moqueurs ou de détonner, on a du mal à être vraiment créatif. Mais : qui chemine constamment sur des sentiers battus ne peut espérer atteindre de nouveaux buts. Et il est rare que l'Univers nous fasse de très beaux cadeaux sans que nous ayons quitté les sentiers battus et sans que nous ayons suivi notre inspiration créatrice.

Si tu n'as plus été créatif/ive depuis une éternité, si tu ne fais plus rien spontanément, il est à craindre que tu aies définitivement raté l'occasion de faire de nouvelles découvertes. En outre, il n'est pas non plus particulièrement créatif de constamment commander des places de parking auprès de l'Univers. C'est pourquoi le livre se termine par trois exemples de commandes de la part de lecteurs qui, d'une manière ou d'une autre, ont fait preuve de créativité.

Exercice

Les enfants perdent leur créativité lorsqu'ils n'ont que des jouets qui déterminent par avance comment on peut jouer avec eux, surtout quand ils sont seuls à jouer. La créativité s'apprend. Par ailleurs, tu peux aussi « emprunter » des enfants, si tu n'en as pas toi-même, pour réapprendre d'eux la créativité. Tu peux solliciter les enfants d'amis ou de parents. Dis-leur que tu fais un exercice pour développer ta créativité et que tu as besoin de leur aide.

Le mieux est que vous alliez dans la forêt, ou dans la nature, car leur caractère primitif stimule la créativité. Vous pouvez construire ensemble un palais de sylphides ou une maison de nains à partir des matériaux trouvés dans les bois. Ou bien encore vous ramasserez des branches, des racines et d'autres éléments que vous fournira le hasard, qui représenteront des figures que vous transformerez en « marionnettes » et qui joueront une pièce de théâtre inventée par vous-mêmes. Une grosse pierre ronde sera par exemple le paysan Jacques, une racine un peu déchiquetée, avec des ramifications figurant les bras, sera Gaspard et une branche fourchue sera le crocodile.

Tu peux aussi te bricoler, avec de vieux journaux, une poupée qui représentera tes désirs. Ou bien construis-toi, par exemple avec des cartons, un petit temple où tu te glisseras avec une bougie allumée pour méditer.

Nous avons chez nous une coutume : le 13 décembre de chaque année, nous bricolons des maisons et des églises avec du carton et du papier et, à la tombée du jour, nous y plaçons une bougie allumée et nous les faisons voguer sur la rivière. Ces maisons mesurent 10 x 10 x 10 cm (au maximum 50 x 50 x 100 cm ; une église mesure 1 m). Cette coutume remonte à des dizaines d'années : il y eut une terrible inondation dans la région. Le 13 décembre, les habitants de la ville prièrent le saint du jour, sainte Lucie. Après quoi les eaux se retirèrent promptement ; les habitants promirent alors de remercier la sainte chaque année, ce jour-là, en fabriquant les « petites maisons de sainte Lucie ». Ces maisonnettes représentent en miniature les maisons sauvées et elles voguent sur des planchettes de bois ou d'aggloméré.

C'est merveilleux de voir ces centaines de maisonnettes descendre pêle-mêle la rivière dans l'obscurité ! Les gardes fluviaux ont alors l'honorable tâche d'entrer dans l'eau glacée en hommes-grenouilles pour récupérer les maisonnettes avec leurs bougies consumées. J'en tremble de froid, rien que d'y penser !

Les maisonnettes, en tout cas, sont merveilleuses et d'une totale créativité. Nombre de portes et de fenêtres multicolores sont découpées dans du carton et collées avec du papier transparent multicolore. Et même les toits sont souvent constitués d'étoiles, de lunes et de comètes découpées dans du carton et peintes. Des bougies chauffe-plats sont alors placées dans les maisonnettes et voilà parti le courrier !

Peu importe ce que tu fais. L'essentiel, c'est que tu fasses quelque chose pour ranimer ta créativité. La variété de ces maisonnettes, les nombreuses idées créatives qui y sont mises en œuvre de la façon la plus simple m'ont montré combien les gens peuvent être créatifs dès qu'ils en ont l'occasion.

Peurs, pression, stress

Sous la pression, le stress et la peur, non seulement on ne peut pas apprendre correctement – parce que la capacité d'absorption du cerveau est bloquée –, mais notre intuition ne fonctionne plus non plus. Soit que nous n'entendions plus sa voix, soit qu'elle nous paraisse dire des bêtises. Cela tient au fait qu'elle est effectivement déconnectée et que le cerveau, dans sa panique, émet en remplacement n'importe quelle fantasmagorie dépourvue de substance.

Tu connais sûrement l'état où, sous pression, tu ne sais plus si ton interlocuteur est bien ou mal disposé à ton égard – même si par ailleurs tu as de lui une perception très précise. C'est la raison pour laquelle nous réagissons avec irritation et hypersensibilité quand nous nous sentons sous pression. Nous avons tout faux dans notre analyse parce que l'intuition est déconnectée.

Rappelle-toi la description du système scolaire scandinave. Des notes ne sont attribuées que lorsque les élèves sont suffisamment stables et conscients d'eux-mêmes, suffisamment avancés sur leur voie personnelle pour pouvoir mieux gérer la pression de rendement qui résulte des notes.

Si tu souffres régulièrement sous la pression, le stress et la peur, tu devrais repenser tes conditions de vie. Quelle que soit la manière dont les personnes de ton entourage veuillent te persuader, quels que soient les conseils bien intentionnés dont elles t'abreuvent, la question est : comment peux-tu réduire la peur, la pression et le stress dans ta vie ?

Exercice A

C'est l'exercice le plus important et le même que l'exercice D du chapitre « Régler à nouveau les filtres internes et les vieilles sensations ». Nombre de peurs résultent de sentiments réprimés. Ne cesser de les considérer et de les digérer par bribes, dans le quotidien, puis les embrasser dans l'amour les dissout peu à peu. Traumatismes et peurs, naturellement, se laissent aussi dissoudre par une aide thérapeutique ; les petites peurs, aujourd'hui, peuvent même être traitées en une seule séance.

Exercice B

Les peurs, le stress et la pression sont favorisés par les vieux modèles comportementaux, qui font en sorte que tu sois sans cesse attiré(e) par des situations extérieures dans lesquelles tu es stressé(e). Tous les exercices permettant de « faire le ménage intérieur », de transformer les vieux modèles ou les vieux sentiments dissolvent par conséquent la peur, morceau par morceau.

Alors, as-tu bien tout assimilé ? Et qu'en est-il du raccourci de dix secondes ?

Inspire et représente-toi que, en inspirant, tu peux te mettre en ligne avec l'Univers ; l'Univers est toujours là, il te suffit de cliquer pour pénétrer dans sa force.

Ouvre ton cœur et observe tout ce qui t'entoure avec un cœur ouvert et une bonne connexion avec l'au-delà.

- *Si quelque chose t'irrite en ce moment (par exemple cette interruption), fais quelque chose d'absurde et remercie de pouvoir le faire, ou le vivre, et observe si quelque chose change en toi de ce fait.*

- *Si quelque chose te plaît particulièrement en ce moment (peut-être ce supplément au programme), envoie en pensée un e-mail à l'Univers et partage avec lui ce qui est beau, ainsi qu'avec ton/ta meilleur(e) ami(e) !*

Terminé.

Fais une liste des situations et des environnements dans lesquels tu te sens détendu(e) et calme. Ce peut être par exemple : dans la baignoire, chez mon amie Clara, lors d'une promenade en forêt, quand je joue avec des enfants, quand je fais de la musique. Aménage chaque jour au moins deux ou trois « petites zones exemptes de peur et de stress », dans lesquelles tu t'accordes quelque chose de ta liste ci-dessus.

Chez la plupart des gens, chanter des mantras exerce un effet calmant sur le corps et l'âme. Quand tu en chantes un le soir avant de dormir et le matin tout de suite après le lever, cela a un effet particulièrement fort.

Un tuyau : tu peux chanter en t'accompagnant d'un CD de mantras*. Mais règle la musique suffisamment bas pour pouvoir t'entendre aussi toi-même. Puis exerce-toi avec ta

---

* Il existe par exemple un CD et un double CD de mantras chantés de Henry Marshall. Il y a une version où le mantra est chanté suivi de la musique seule, et une autre où le mantra chanté est accompagné par un chœur.

Un autre bon exemple est le CD *Sing & Heal* de Dinah Arosa Marker, que l'on peut se procurer en téléphonant au 08441-90543 ou sur Internet (www.harmonie-des-seins.de). Ici, les mantras sont chantés par une voix de femme, alors que, dans le disque de Henry Marshall, c'est un chœur qui chante.

voix seule et dans le ton juste. Chante de manière que ta voix rende un son confiant et calme. Une sensation de confiance et de calme peut ainsi croître en toi particulièrement vite.

Exercice C

Je pars du principe que chacun de nous a en soi un aspect qui connaît les réponses que nous cherchons et qui sont correctes pour nous. De l'extérieur, la solution est souvent très difficile à deviner/conseiller car les déclencheurs de la peur, de la pression et du stress sont aussi individuels que peuvent l'être les individus eux-mêmes.

C'est pourquoi je propose que tu te conseilles toi-même, et cela en t'écrivant à toi-même deux lettres. Utilise du beau papier à lettre ou bien fais-toi une belle page colorée, par la peinture ou par collage. Puis cherche-toi un endroit où tu te sentes bien. Ce peut être la salle de repos d'un sauna, la terrasse d'un café agréable, une clairière en forêt, le bord d'un lac ou bien un coin douillet dans ta maison. À toi de décider.

Commence par la première lettre. Imagine que tu es ton âme immortelle dans le ciel et que tu écris une lettre à ton soi terrestre. Que peux-tu te conseiller à toi-même pour te libérer de la peur, du stress et de la pression ?

Mets la lettre sous enveloppe et, quelques jours plus tard, ou bien immédiatement si tu préfères, écris une seconde lettre. Cette fois-ci, c'est une sorte de lettre qui émane d'une personne voyageant dans le temps, ou bien habitant un univers parallèle.

Connais-tu le film *The Kid* ? On y voit un homme qui, du fait de son humeur mystique, est visité par lui-même à l'âge de huit ans. Quand le garçon et lui-même ont enfin compris ce qui leur arrive, le garçon de huit ans court chez son moi plus âgé de trente ans et demande, indigné : « Où est mon chien ?

Quel chien ? » demande l'aîné.

« Je n'aurai pas de chien quand je serai grand ? » Le petit est outré. « Et ne devrai-je pas aussi être une femme ? »

L'aîné ne peut être ici d'aucune aide. Il s'est concentré uniquement sur sa carrière. De celle-ci le petit, quant à lui, se soucie comme d'une guigne. Il est vraiment déçu par son soi plus âgé.

Imagine-toi que tu écris toi-même d'un univers parallèle une lettre adressée à ton moi actuel, ici même. Dans cet univers parallèle, ta vie a pris un cours idéal, tu es plein(e) de force, conscient(e) de toi-même, et tu as une relation vivante et pleine d'amour avec ta sagesse intérieure. Et, de cet observatoire, ce moi de l'univers parallèle te prodigue ses conseils.

Lis ces conseils une fois par semaine et vois ce que tu peux mettre en pratique.

Si tu as de bons amis en qui tu as confiance, demande-leur de t'écrire une telle lettre. Quand on manque de recul, on a parfois des œillères et on devient inefficace. Mais vu que tes amis sont également doués de la sagesse universelle, de précieux conseils peuvent aussi venir d'amis triés sur le volet. Et, de la part des importuns qui t'accablent de conseils, tu t'interdiras à l'avenir les commentaires malvenus.

Si tu as décidé très sérieusement de prendre ta vie en main, tu peux aussi faire un sondage dans le centre de la ville voisine, ou interroger des gens à la gare – qui attendent le train et ont du temps devant eux – : « Excusez-moi, je procède actuellement à une enquête pour la revue *Psychologie demain* sur le thème de la sagesse naturelle. Puis-je vous poser une question à ce sujet ? »

Si l'autre est d'accord, demande-lui ce qu'il conseillerait à une personne dans ta situation. Naturellement sans trahir qu'il s'agit de toi-même. Tu peux aussi généraliser la question. « Que conseilleriez-vous à une personne qui a constamment des problèmes avec la peur, la pression, le stress ? »

Inscris trois questions sur ton carnet et va interviewer chacune des clientes de la boulangerie sur les jeunes, les sans-abri, en prenant soin de t'adresser aux dames d'apparence aisée. Tu recevras sûrement quantité de bonnes et sages réponses.

Les voies énergétiques du corps

Tu peux renforcer et accélérer les effets de tous les exercices de ce livre en t'entraînant en supplément, sur un tout autre plan, à ouvrir tes circuits énergétiques (méridiens et autres). Le yoga, le tai-chi et le qi gong sont des formes d'exercice que je connais et qui sont efficaces pour atteindre cet objectif. Le tai-chi, par exemple, réunit fondamentalement l'exercice corporel et l'attitude mentale (l'intention intérieure). On peut recommander aussi toute forme de qi gong qui te convient. Il s'agit là d'un tout autre plan d'exercice qui se révèle extrêmement positif sur les autres plans.

Le ton correct et le bon moment

« Sois gentil de me passer le beurre. » Si tu t'adressais à moi avec autant de gentillesse et d'amabilité, je te passerais le beurre sans trop réfléchir.

Tu t'éclaircis la voix, tu chuchotes : « J'espère que je ne vous dérange pas, serait-ce trop demander que de me passer le beurre... ? » Si tu t'adressais à moi de cette manière, je serais terriblement énervée. Je te le donnerais quand même, vraisemblablement, mais je n'en aurais pas très envie. Et, à l'avenir, j'éviterais de m'asseoir à côté de toi pour le petit déjeuner. Quand on s'adresse à quelqu'un avec tant de servilité, on lui coupe l'appétit.

« Allez, passe-moi donc le beurre, voilà une demi-heure que tu l'accapares ! » Tu veux connaître ma réponse ? « Viens donc le chercher toi-même ! »

La nature et l'Univers réagissent de façon très semblable. Car en fin de compte nous sommes une partie de cette nature et, d'une certaine manière, apparentés à elle. Quand on interpelle l'Univers gentiment et aimablement, on suscite immédiatement chez lui le désir de nous livrer rapidement.

Dès l'instant où tu te fais artificiellement humble, ou extrêmement exigeant, les livraisons se font attendre. La nature voudrait être ton amie, mais elle ne veut être ni ta servante ni un chef placé très au-dessus de toi.

Apprendre à me connaître de plus près

Le présent chapitre embrasse les thèmes suivants :

- assumer la responsabilité de ma vie ;
- refléter mon for intérieur et considérer l'extérieur comme un miroir ;
- passer plus de temps pour les activités intérieures.

Beaucoup des autres exercices (ceux qui concernent l'amour de soi, qui procurent une meilleure connexion avec l'Esprit universel, etc.) ont déjà des répercussions sur ces domaines, tant il est vrai que les thèmes interfèrent les uns sur les autres et s'influencent mutuellement.

L'exercice qui va suivre est un petit exercice supplémentaire concernant les thèmes ci-dessus. De toute façon, tu n'as pas besoin de faire tous les exercices d'un seul coup. Il est parfaitement suffisant de commencer par un ou deux exercices qui te conviennent particulièrement. Et, quand tu les auras suffisamment expérimentés, tu pourras passer à un nouveau.

Exercice

Quand tu ne te connais pas toi-même, tu ne reconnais pas non plus le messager livreur de l'Univers. Car il communique avec toi par de petites impulsions intérieures. Dans *Tout l'Univers dans un atome,* le dalaï-lama traite notamment de la méditation tibétaine. Il dit que, dans la méditation, il ne s'agit nullement de s'exercer à ne pas penser – ni d'une absence d'activité mentale. Il dit qu'il s'agit au contraire d'observer ses propres processus intérieurs et d'en prendre connaissance.

« Qu'est-ce qui se passe dans mon for intérieur ? » Telle est la question que se pose à lui-même le méditant. Pour pouvoir vraiment observer cela, il est essentiel que l'on soit en mesure de ne diriger son attention que sur une chose pendant un moment – quelle que puisse être la brièveté de ce moment. Ce mode d'observation intérieure produit de nouvelles facultés mentales. Le dalaï-lama écrit même qu'il est scientifiquement prouvé que, grâce à cette sorte de méditation, on peut renforcer et activer les zones du cerveau qui produisent la sensation de bonheur et de détente. De même que les gens qui jouent beaucoup aux échecs ou au piano éduquent de façon renforcée les zones correspondantes de leur cerveau (par exemple les capacités motrices de la main), de même la méditation tibétaine crée une production renforcée de bonheur dans le cerveau.

En prenant du temps pour toi-même afin de mieux connaître tes processus internes, tu deviens plus sensible aux petites impulsions de ton intuition et à celles du livreur universel. Et, accessoirement, cela te rend plus heureux/euse.

Placer la barre plus haut en matière de désirs et d'objectifs

Que voudrais-tu penser de ta vie quand tu en seras à la fin ? Quels océans, quels pays voudrais-tu avoir parcourus ? Je ne prends pas ma question au pied de la lettre, je parle aussi et surtout des océans et des pays intérieurs, que tu voudrais peut-être avoir visités dans toute leur vastitude et leur diversité. Quelque chose comme la profondeur de l'océan de l'amitié ou le pays de l'harmonie dans la famille, la jungle subtropicale des sentiments, le chalet de la tranquillité intérieure et la rencontre totale avec toi-même, ou bien, ou bien... Que voudrais-tu avoir vécu, quels voyages intérieurs souhaiterais-tu avoir entrepris ?

Parcourir la totalité du monde extérieur n'est pas le désir que chacun nourrit dans son cœur ; mais pour tous il existe un monde intérieur qui aspire à être visité.

Exercice

As-tu déjà commencé à découvrir ton monde intérieur ? Si ce n'est pas le cas, commence dès maintenant. Commence par un petit voyage vers l'intérieur. Pour activer la navigation intérieure, il est judicieux de trouver un endroit où tu aimes être assis(e) : dans une pièce fermée ou dans la nature, au lever ou au coucher du soleil, ou quoi que ce soit qui te plaise le plus. Choisis aussi bien un lieu qu'une certaine heure, qui représentent pour toi quelque chose de particulier et de positif. Ce sera souvent un endroit dans la nature, peut-être même le bois sacré des druides, une fortification celte, un lieu de force, une chaise sous un arbre dans ton parc favori, etc. Peut-être aussi un lieu où tu aimais t'asseoir quand tu étais enfant. Tout endroit est bon s'il te paraît beau ou positivement magique et plein de force.

En cet endroit, tu ne fais rien d'autre que de rester assis(e) et de formuler clairement en toi l'intention de découvrir quel est le prochain voyage intérieur que ton cœur aimerait entreprendre.

Tu peux t'aider en te représentant toi-même à la fin de ta vie, avec un sourire paisible et satisfait sur le visage. Vois-toi toi-même tandis que tu jettes un regard intérieur, heureux, sur ce paysage intérieur que tu as exploré, avant de passer dans une autre forme d'existence. Un pays intérieur que tu peux parcourir sans dépenser un centime. Ces pays intérieurs sont innombrables. Lequel te rendrait heureux/euse de l'avoir parcouru ?

Une fois que tu as clairement formulé cette intention, détends-toi. Observe tout ce qui est harmonieux et qui te frappe autour de toi. Peut-être le murmure du vent dans les feuilles d'un arbre. Ou un instrument (écouter ta musique préférée est également une bonne idée pour cet exercice), le clapotis de l'eau, un enfant qui joue, l'herbe tendre, un parfum, etc. Observe ton souffle sans vouloir le modifier intentionnellement. Regarde-le simplement, comme il s'écoule de lui-même.

Y a-t-il dans ton corps des zones que tu ressens comme particulièrement détendues et harmonieuses ? Dirige ton attention sur ces régions. Peut-être se détendent-elles du seul fait que tu les considères.

Après quelques instants, quand tu as le sentiment d'être resté(e) assez longtemps détendu(e), répète en esprit la question : « Cher cœur, quel pays intérieur voudrais-tu visiter ? » Peut-être une idée surgit-elle en toi ? Dans la négative, lève-toi simplement, remercie-toi toi-même d'avoir pris du temps pour toi-même et reprends tes occupations quotidiennes. Aie confiance : l'Esprit universel a entendu la question et il enverra les réponses. Aujourd'hui même, demain, la semaine prochaine ou le mois prochain.

Chaque jour, dans l'autobus, au feu rouge ou bien au bureau, arrête-toi quelques instants et écoute ton cœur : quels désirs a-t-il, quels rêves fait-il qui voudraient encore être abordés, réalisés ?

Une indication relative aux réponses : elles peuvent être de nature très diverse. Plus d'un(e) est comblé(e) quand il/elle peut communiquer son sentiment de paix intérieure par la musique. Un(e) autre découvre qu'il/elle préfère diriger une petite pension confortable où les hôtes se détendent vraiment et se sentent bien. Tel(le) autre voudrait se donner à elle/lui-même et donner au monde quelque chose en peignant, en solidarisant les hommes, en soignant des animaux, en pratiquant la culture biodynamique, en méditant, en étendant ses qualités de cœur, en vivant davantage dans le présent, en perfectionnant la gratitude à chaque instant de sa vie ou simplement en ressentant distinctement sa connexion avec la nature – cela en allant régulièrement admirer le lever du soleil au sommet d'une montagne, en allant méditer dans les bois ou dans les prairies.

Quoi que ce soit, qu'il s'agisse d'une activité extérieure qui t'aide à t'exprimer toi-même, ou bien qu'il s'agisse davantage de la façon dont tu gères des choses et des situations déjà existantes : tout est bon. Tu le sauras en t'interrogeant sur ce qui te satisfera le plus, à la fin de ta vie, quand tu regarderas en arrière ; l'Univers t'enverra une réponse.

Ce qui est excitant, dans cet exercice, c'est qu'il y a des millionnaires de grandes villes dont le cœur aspire à connaître la nature, et des jardiniers de petites bourgades dont le cœur voudrait construire des palais géants de paix dans la ville ; mais ils n'osent pas, ou du moins ils ne s'y attellent pas.

La question n'est pas de savoir ce qui est objectivement considéré comme bon ou comme merveilleux, mais uniquement celle-ci : qui es-tu, et comment ton *soi* voudrait-il s'exprimer en cette vie ? Parfois, il reste là encore des désirs qui sont beaucoup plus grands que tu ne peux l'imaginer en ce moment, et parfois des désirs sont là qui sont beaucoup plus petits et apparemment plus insignifiants que tu l'aurais jamais supposé. Et cependant, ton plus grand accomplissement réside dans le fait de les poursuivre.

Est-ce que vraiment ça ne peut pas être un petit peu plus grand ?

Beaucoup de mes lecteurs me demandent s'il n'est pas malséant de demander un petit plus à l'Univers, sous quelque forme que ce soit, quand on s'en sort déjà très bien et qu'on a dans la vie une relative sécurité.

Imagine que TU sois l'Esprit du Tout. Et tu aurais donné à une merveilleuse petite personne le don de la musique et une voix de chanteur/euse reposant en son cœur. Peut-être que cette personne grandit dans une famille non sensible à la musique et que ses parents lui conseillent de devenir comptable parce que cela lui promet un revenu assuré. L'enfant pense qu'il/elle devrait être reconnaissant(e) pour tout ce qui lui est donné et que ce serait malséant de demander davantage, sans parler de quelque chose d'aussi invraisemblable que l'occasion de devenir un(e) chanteur/euse professionnel(le).

Rappelle-toi, tu es l'Esprit du Tout. Comment réagis-tu ? Te réjouis-tu quand quelqu'un à qui tu as donné une voix divinement pure ne l'utilise pas, excepté sous la douche ? Non, naturellement. Tu es assis(e) sur ton nuage dans le ciel et tu t'arraches les cheveux de désespoir. Mais voilà que retentit une sonnette. Le téléphone cosmique sonne, et la voici enfin qui arrive, la demande de ce(tte) petit(e) chanteur/euse : « Allô, là-haut, j'ai le sentiment que je deviendrais volontiers chanteur/euse. Pourriez-vous m'envoyer des occasions et des idées sur la manière de débuter et le lieu où commencer ? »

Ne chanterais-tu pas toi-même, ne danserais-tu pas à l'annonce que cet être envisage enfin d'utiliser ce don merveilleux que tu as placé dans son berceau ?

Imagine que Luciano Pavarotti ou Plácido Domingo soient devenus comptables. Une catastrophe, non ? Le ciel tout entier en pleurerait. Et il pleure aussi quand un comptable génial, au lieu de faire de la comptabilité, pousse une chansonnette de troisième classe, et toujours un demi-ton à côté, parce qu'il veut absolument devenir une star pour compenser son complexe d'infériorité. Le ciel pleure exactement de la même façon quand tu n'exploites pas tes talents et tes dons personnels !

INTERROGE-TOI : quel talent as-tu que tu peux encore mettre en pratique ?

Le thème « image intérieure défavorable de ton avenir » fait aussi partie de la question. Quand tu modèles tes visions d'avenir avec la peur du changement et la méconnaissance des désirs de ton cœur, elles ne peuvent véritablement refléter ton potentiel parfait. Mais dès que tu te tournes vers les exercices de ce chapitre, la représentation que tu te fais de ton avenir change automatiquement.

Fais un test et rappelle-toi quelque chose de ta vie dont tu es véritablement fier/fière, quelque chose qui t'a bien réussi. N'en avais-tu pas eu, longtemps auparavant, une vision intérieure ? Inversement, quand quelque chose a mal tourné, n'était-ce pas une chose que tu avais redoutée longtemps auparavant – dont, de toute façon, rien ne sortirait ? Il n'en va pas toujours ainsi, mais c'est le cas le plus fréquent. Nous pouvons nous souvenir de la plupart de nos créations quand nous regardons véritablement en nous-mêmes.

Avec une image neuve de ton avenir, ta vie ne peut faire autrement que de prendre de nouvelles directions. Avec nombre de ces exercices, tu changes automatiquement ta vision de l'avenir, pas à pas.

Activation de l'intelligence universelle en nous

L'exercice A, parties 1 et 2, est une sorte de suite de l'exercice sur l'amour de soi, à un niveau plus élevé, qui est déjà tout à fait essentiel, car : l'essence de l'intelligence universelle est pur amour. La plupart des religions et des doctrines spirituelles sont d'accord sur ce point.

Cependant, l'expérience de mes séminaires me montre qu'il faut vraiment commencer par l'exercice sur l'amour de soi, et non commencer d'emblée par l'exercice A décrit ci-dessous. Sinon, les participants ont du mal à y entrer, à supposer même que nous parvenions jusque-là. Vérifie pour toi-même si tu peux pratiquer les deux, ou bien si tu préfères faire un certain temps l'exercice sur l'amour de soi avant de passer à celui-ci. D'ailleurs, vu que ce thème est très important et décisif pour la réussite, il y a encore l'exercice B et l'exercice C en supplément. Tu peux aussi commencer par ces derniers.

Choix du « concept de travail » pour cet exercice

Quand on prend toutes les composantes dont est constituée une cellule humaine et qu'on les combine, fût-ce de la façon la plus adroite, on n'obtient jamais une cellule humaine, sans parler d'un corps tout entier. Quelque chose manque.

L'analyse de la physique quantique selon laquelle la matière n'est rien d'autre que de l'information condensée, et donc en définitive de la pensée, est de plus en plus populaire*. Si,

---

* La matière est constituée d'atomes et ces derniers, à leur tour, sont constitués d'un noyau et d'électrons gravitant tout autour. On a cru d'abord que les électrons n'étaient rien d'autre que des particules lumineuses. Aujourd'hui, la physique quantique moderne part du principe que le noyau atomique non plus, quand on le regarde de plus près, ne contient rien d'autre que des particules lumineuses. Et ces particules sans matière, mais formant cependant de la matière, ont encore l'étonnante propriété de disparaître en permanence dans le néant, de resurgir, de disparaître dans le néant, de resurgir, etc., etc. C'est du moins ainsi que les décrivent les quatorze savants qui prennent la parole dans le film *What the Bleep do we Know* – un film spirituel riche d'enseignement et très distrayant. Qui veut en savoir davantage sur l'analyse de la physique quantique trouvera là la meilleure information.

en outre, on considère l'Univers entier au plan subatomique, tout est intimement uni et, en fin de compte, tout est UN. Il n'y a plus de séparation entre moi, toi, la chaise sur laquelle je suis assise et l'air que je respire*. Et maintenant, donc, les physiciens quantiques modernes nous racontent que ce Tout unifié a une conscience.

Trouve un concept pour nommer en pensée ce Tout unifié dans tes exercices ultérieurs. Voici quelques propositions :

---

* Et même l'ordinateur sur lequel je suis en train de travailler possède sa propre intelligence et peut se procurer des informations auprès du Tout unifié. On appelle cela « Global Scaling » (ou « téléportation quantique »). Le chercheur Hartmut Müller a été décoré de l'étoile d'or Vernatzki pour sa découverte, et il y a dans une université autrichienne tout un laboratoire de recherche sur le sujet. Cette découverte me réjouit particulièrement, car si mon ordinateur lui-même peut communiquer avec le Tout unifié et peut en rapporter des informations qu'il n'aurait jamais pu se procurer par la pure voie du calcul, raison de plus pour que nous le puissions aussi. Il est alors tout à fait normal de passer commande auprès de l'Univers. Car, indirectement, nous ne commandons aussi le plus souvent que de l'information : où, comment et quand nous devons surgir pour être exactement au bon moment au bon endroit – là où sera offert ce que nous désirons (le job idéal pour le bien de tous, l'appartement, le partenaire, la santé).

- le Tout unitaire ;
- l'Univers ;
- la Création ;
- la conscience originelle ;
- l'existence.

Si tu emploies volontiers le concept de « Dieu », c'est tout aussi bien. Je voudrais seulement t'inciter, si tu es une femme, à utiliser le concept de « Déesse ». Car c'est là l'un des problèmes que j'ai relativement au concept religieux de « Dieu » : Dieu est censé tout englober, mais il est représenté comme masculin. Il est ainsi représenté comme une partie polaire, et tout le reste est compris comme global. Comment un être humain peut-il se représenter le Tout unifié devant l'image d'un Dieu masculin, qui de surcroît porte toute sa barbe ? La partie masculine, en effet, n'est qu'une partie du Tout unifié. L'énergie divine est homme, femme, enfant, vieillard, être humain blond et brun, animal, atome, cellule, soleil, mer, montagne – tout en un.

Par conséquent, quand tu penses à Dieu, le minimum serait de toujours penser à Dieu/Déesse. Mais cela, à son tour, est quelque peu guindé. Je propose donc d'adapter le concept à ton propre sexe, ou encore de prendre un tout autre concept. Mais, du fait de l'empreinte religieuse, il peut se faire que « Dieu/Déesse » te paraisse plus puissant que tout autre concept. Alors, restes-en là. Tout ce que je dis, de toute façon, n'est qu'incitation ; à toi de découvrir ce qui est bon pour toi.

Dans ce qui suit, j'utiliserai le symbole ♥ pour le concept que tu auras choisi.

Exercice A, partie 1

« Nous vivons dans un Univers que nous sommes nous-même. » (Physique quantique moderne, Amit Goswami, *What the Bleep do we Know* !?)

« Au plan subatomique, rien ni personne n'est séparé de tout le reste. Nous sommes tout UN. » (La physique quantique moderne.)

« Nous sommes tous – consciemment ou inconsciemment – cocréateur de notre réalité. » (*Comment « passer commande auprès de l'Univers » ; What the Bleep do we Know !?* ; physique quantique, plus un grand nombre d'auteurs et de doctrines de cultures anciennes, de spécialistes de l'entraînement mental.)

« La seule différence entre un génie et un citoyen moyen, c'est que le génie a reconnu la lumière intérieure, alors que le citoyen moyen

ne l'a pas reconnue. » (Le génie universel de Walter Russell*.)

Toute pensée que nous répétons fréquemment devient, à un certain moment, partie de notre sensation fondamentale de vie. La plupart d'entre nous sont habitués depuis l'enfance à penser d'eux-mêmes qu'ils sont une partie insignifiante d'une création plus ou moins aléatoire qu'ils doivent accepter telle qu'elle est. Très peu nombreux sont ceux qui grandissent dans l'idée qu'ils sont des co-créateurs puissants de leur propre réalité. Et moins nombreux encore sont ceux qui grandissent dans l'idée que « nous devrions prendre le monde tel qu'il est, mais nous n'avons pas besoin de le laisser dans le même état... ».

Nous sommes cocréateurs parce que nous ne sommes pas né(e)s dans le néant, mais dans un environnement particulier, ayant déjà un passé et une société de congénères à l'activité égale-

---

* Walter Russell ne put fréquenter l'école que jusqu'à l'âge de neuf ans et devint quand même célèbre comme peintre, musicien, littérateur, sculpteur et architecte. Il a rapporté qu'il avait accompli toutes ces choses parce qu'il avait découvert la lumière intérieure – qui a été pour lui le meilleur professeur. Tout être humain pourrait en faire autant, dit Russell. Il suffit de découvrir en soi la lumière intérieure (l'intelligence universelle). Elle est présente en chacun de nous, car nous sommes constitués d'elle.

ment créatrice. Quand les congénères « gâtent l'eau en commun, les bains de mer puent » ; je dois alors imaginer quelque chose de particulier si, en tant que cocréateur, je veux créer de bonnes conditions : « Non, désolé(e), ça ne marche pas » ; ou encore mieux : « Propageons de meilleures senteurs ; une eau saine, une mer fraîche pour se baigner. »

De même, lorsqu'on discute âprement si un rhume dure deux semaines ou bien quinze jours : une telle pensée interfère également de façon créatrice dans notre réalité. Seul un être humain bien relié à l'intelligence universelle peut s'évader et se créer quelque chose de neuf : « Le rhume n'existe pas dans ma réalité » ou bien « Les rhumes, chez moi, ne durent jamais plus de trois jours ! »

Quand j'entre de nouveau dans « le rhume de deux semaines », je sais définitivement que j'ai perdu quelque chose en chemin. Il est alors grand temps pour moi de passer à l'exercice suivant :

- **« Je suis ♥. Je suis un(e) créateur/euse vigoureux/euse de ma réalité. »**
- **« Je suis un(e) ♥ plein(e) d'amour, tranquille et paisible, en équilibre, et j'ai un corps vigoureux et sain. »**

- **Je suis ♥ et par conséquent, de toute façon, constamment relié(e) à la lumière intérieure. Cela fonctionne chez moi tout aussi bien que chez Walter Russell. »**

Matin et soir, place-toi devant un miroir, regarde-toi dans les yeux et dis-toi à toi-même cette phrase ou une phrase analogue.

Une **question** possible, qui te passerait spontanément par la tête, pourrait être la suivante : « Quoi, je devrais être ♥ ? Cela n'est-il pas un peu prétentieux ? »

Réponse : cet exercice n'est pas fait seulement pour toi ; il est fait pour nous tous. C'est-à-dire que je suis aussi ♥, tu es ♥ ,es voisins sont ♥ mes enfants sont ♥, mes parents sont ♥, et le plus grand sceptique du monde est ♥. Tout le monde. Alors, pourquoi devrais-tu être le/la seul(e) à ne pas être ♥ ? ☺

Un tuyau : si, malgré tout, tu ne parviens pas à le croire tout à fait, ni à te l'autoriser, il y a un truc simple pour contourner l'obstacle. Imagine que tu ne fais que jouer à être ♥ ! Tu peux tout jouer. En jouant, tu peux être Harry Potter, une réincarnation de Hildegarde de Bingen, Kermit la grenouille, le Tout unifié ou Bouddha. En jouant, tu peux aussi te permettre de tout ressentir comme si c'était réel ! Ainsi, la partie qui ne peut encore t'autoriser complètement à être ♥ est tranquillisée, car tu ne fais que jouer. Ton inconscient, qui doit mettre en pratique cette vérité dans ta vie, remarque à peine la différence. Il commence à enregistrer bravement...

Une **question** particulièrement rusée : « Ne puis-je pas simplement me commander une fois d'être cela pour toujours ? »

Réponse partiellement prosaïque : c'est possible. Si tu commandes cela avec ferveur et avec une conviction vibrante d'amour, il est tout à fait possible d'effacer complètement des programmes enfouis dans ta mémoire inconsciente – et d'écrire à la place ce nouveau message.

Souviens-toi du jour où tes parents t'ont révélé que le Père Noël n'existait pas. Cette révélation – en raison de l'autorité de tes parents et des autres adultes – s'est ancrée en toi de sorte que, immédiatement, la nouvelle vérité a pris le dessus et que tu n'en as plus jamais douté. N'est-ce pas ?

Si tu es autant convaincu(e) de la vérité de la phrase que tu as choisie, et de ce que tout est ♥, alors tu peux toi aussi l'ancrer en toi définitivement. Les gens qui – dans la méditation ou dans des situations particulières – ont fait l'expérience personnelle de Dieu n'ont généralement plus besoin de faire des répétitions. Pour eux, cela est immédiatement réalité, point final. Et peu après, ils organisent des Satsangs, construisent un temple de méditation et s'efforcent de rendre cette vérité également sensible pour d'autres. Des voisins impies se moquent de celui qui soudain joue les gourous – même si nombre d'entre eux s'efforcent de transmettre le sentiment du Tout unifié qui nous inclut tous.

Si donc tu t'observes toi-même tandis que des pensées du genre « je suis un(e) pauvre idiot(e) et une créature pitoyable, et il est vraisemblable que tout va redevenir horrible » bouillonnent en toi, c'est qu'il y a manifestement en toi une partie qui croit toujours au Père Noël (c'est-à-dire à l'ancienne vérité). Quelque chose en toi n'est pas encore complètement convaincu de la vérité selon laquelle tout est ♥.

Que faire, donc, pour nous convaincre nous-mêmes et désinstaller définitivement le vieux modèle ?

Exercice A, partie 2

L'exercice de rappel !

Rappelle-toi en esprit, sur le plan de l'âme, que toute personne rencontrée est ♥. Cela est très semblable à l'exercice du chapitre sur l'amour de soi, dans lequel, pendant un mois, tu vois en chacun la beauté de l'âme. Cette version, toutefois, qui vient de la profondeur du vécu, va encore un peu plus loin. Car maintenant tu vois véritablement le Tout unifié et ♥ en chacun.

Les Savoyards et tous les habitants des contrées où l'on se salue avec le mot « adieu » ont la partie particulièrement facile. « Je salue le divin en toi », peux-tu dès maintenant penser chaque fois que tu abordes quelqu'un par « adieu ». Regarde celui-là dans les yeux. Bon. Il regarde obstinément par terre ou passe son chemin. Naturellement, nous n'allons pas l'attraper par les oreilles et lui murmurer « regarde-moi ! ». Regarde ton interlocuteur dans les yeux lorsqu'il est possible de le faire simplement, naturellement.

Comme déjà décrit dans l'exercice sur l'amour de soi, les yeux peuvent être des portes de l'Univers. Et les autres êtres humains ne sont qu'un miroir pour ce que nous pouvons aussi trouver en nous. Quand nous trouvons l'Univers dans nos propres yeux, il nous apparaît plus souvent dans les yeux d'autrui et, en le cherchant dans les yeux d'autrui, nous le trouvons en nous-mêmes. Quand, quotidiennement, nous regardons les gens dans les yeux avec l'intention d'apercevoir en eux le divin, l'universel, le Tout unifié, nous voyons effectivement, mois après mois, plus profondément.

Si tu regardes quelqu'un en pensant « eh, ballot », ne sois pas étonné si, peu après, il fait une remarque peu intelligente. Regarde-le, ou regarde-la, avec la pensée « le Tout unifié salue l'Univers, Dieu salue la Déesse », et tu n'auras pas besoin de t'étonner si, peu après, tu te sens inspiré(e) et entouré(e) d'un amour profond.

Avantages et inconvénients de cet exercice

Plus tu pratiqueras cet exercice avec intensité, plus les gens se sentiront attirés par toi. Pourquoi ? Parce qu'ils sont comme toi. Passerais-tu volontiers du temps avec une personne en présence de laquelle tu te sens bien des orteils aux oreilles et jusqu'au bout des cheveux ? Auprès de laquelle tu as sans cesse le sentiment magique d'être quelque chose de particulier et de précieux ? Aimerais-tu être rappelé(e) à ta propre divinité, de sorte que celle-ci te devienne sensible de l'intérieur ? Oui ? Les autres aussi ! En t'exerçant au regard de rappel ♥ (je nous rappelle tous les deux au ♥ en nous), tu rappelleras l'autre d'autant plus profondément que ton regard deviendra plus sage et plus chaud.

Le merveilleux avantage : du pompiste au boulanger en passant par tes collègues, tous souriront, réjouis, dès que tu apparaîtras (ou du moins quand ton regard de rappel ♥ aura particulièrement bien réussi). Un petit inconvénient : tous les hommes ne sont pas guidés principalement, dans leurs décisions, par la gratitude et l'estime de soi. Il y a aussi des sangsues, des crampons et autres personnes du genre. Pour ces dernières, tu vas devoir te forger un nouvel exercice tout à fait personnel : celui qui consiste à se démarquer avec respect. La pensée suivante peut être un recours : « Tu es ♥ tout autant que moi. Il ne peut se faire que tu aies besoin de moi pour ton salut. Tu as besoin de ♥. Et je fais confiance à ta capacité de le trouver en ton for intérieur au lieu de le chercher à l'extérieur, ou même en moi ! »

Et si tu voulais donner un tuyau aux gens, tu pourrais leur suggérer de découvrir ce qu'ils ont envie de faire, et d'en faire encore plus. Les sensations de bien-être et de joie sont des indicateurs de notre réalité ♥.

Exercice B

Mets-toi au clair sur le fait que nous n'avons PAS besoin de nous exercer à être des êtres spirituels car, cela, nous le sommes de toute façon. Nous devons à la rigueur nous exercer à vivre notre potentiel maximal en tant qu'être humain. Il ne s'agit donc pas de devenir plus spirituel et moins terrestre, **mais de faire davantage de notre existence terrestre à l'aide de notre être spirituel éternel,** car c'est là la véritable aventure et le véritable miracle. Il ne s'agit pas d'être distingué(e) de manière que notre déclaration de revenus se fasse toute seule ; il s'agit d'intégrer notre être spirituel dans notre corps humain de manière à faire de la déclaration de revenus un jeu fameux que nous aimons faire !

Le soufisme appelle cela **« devenir ce que l'on est depuis toujours ».**

Cet exercice établit donc une « connexion au Cosmos » de vingt minutes avec l'implication de ton corps physique. En reliant les deux, ton soi spirituel éternel et ton corps terrestre, tu peux ancrer encore davantage dans ton corps la sensation de ton vrai soi. Et si tu perçois ton être spirituel dans ton corps, tu peux aussi communiquer avec lui. C'est là un nouveau pas, plein d'énergie, pour l'établissement de ta « ligne directe avec la centrale cosmique de commande ». Un pas pour la commande consciente, au lieu de la commande inconsciente que tu ne cesses jamais de pratiquer. Car un être spirituel peut maintenant faire en sorte que son soi s'exprime constamment, d'une façon ou d'une autre, et crée sa réalité.

Cet exercice est le plus intense quand on se tient debout. Une musique relaxante est en plus indiquée. Tiens la paume de tes mains dirigée vers le haut et prie l'Univers de faire en sorte que son énergie s'écoule de tes mains. Puis tu commences n'importe où sur ton corps et tu poses tes mains à l'endroit choisi. En même temps, tu dis ou tu penses : « Conscience universelle [ou conscience ♥ – prends ton concept] et santé parfaite sur tous les plans, de chaque atome et jusque dans la moindre cellule, en cet endroit et dans le corps tout entier. » Représente-toi d'abord l'énergie s'écoulant en cet endroit du corps, sous tes mains, puis s'étendant à partir de là dans ton corps tout entier et dans tous les corps d'énergie. Puis tu poses tes mains à l'endroit suivant, quelques centimètres plus loin, et tu dis ou penses de nouveau cette même phrase, ou bien une autre, si tu veux t'en formuler une à toi-même.

Si tu fais cela avec attention et recueillement, en veillant à ce chaque endroit soit véritablement touché, au moins brièvement, tu as besoin d'environ vingt minutes pour parcourir tout ton corps. Si d'autres pensées ou d'autres processus intérieurs se déroulent en toi pendant ce temps-là, contente-toi de les observer en les trouvant sans valeur et inintéressants. C'est simplement toi ; observe-toi. Et puis reviens à ton exercice. Ensuite, tu peux t'allonger ou t'asseoir un bref instant et ressentir.

Cet exercice peut être très intense et efficace ; il peut changer beaucoup de choses dans ton corps et dans la sensation que tu as de la vie. En outre, il exerce une action fortement relaxante et élimine le stress ; il te relie au noyau de ton être.

Exercice C

Cet exercice est très simple. N'est-il pas vrai que, le plus souvent, nous n'appelons l'Univers que quand nous avons un problème ? Parfois, ils doivent en être bien désolés là-haut. Qui appelle pour partager avec l'Univers les beaux événements et les grandes joies de la vie ? Et si nous appelions tous les deux, toi et moi ? Nous appelons, d'accord ?

Chaque fois que tu vas particulièrement bien, que tu as un sentiment particulièrement beau ou que tu vis quelque chose de merveilleux, n'oublie pas de téléphoner en pensée à l'Univers : « Cher Univers, viens donc un peu et vois comme ceci ou cela est beau. Je voudrais te faire partager ma joie. »

Use it or lose it (utilise-le ou perds-le). Cela vaut pour les facultés de toutes sortes – les muscles, les organes, et aussi pour notre intuition et le fil qui nous relie à l'au-delà. Plus tu téléphones souvent là-haut avec l'intention de ressentir le Tout unifié, plus ta connexion avec l'Univers s'améliore. En outre, cela renforce le sentiment que l'Univers est notre bon ami quand nous partageons nos joies avec lui.

Passer commande, pour les plus avancés

Un homme pria Dieu pour qu'il lui envoie une nouvelle voiture. Il désirait une VW Golf mais ne voulait rien payer en échange : « Cher Dieu, Toi qui es si grand et qui possèdes la force infinie, s'il Te plaît donne-moi une VW Golf ! » Vingt ans plus tard, cet homme gagne une VW Golf à une loterie. Le soir même, il prie Dieu et le remercie. Cependant, il ne peut s'empêcher de poser une question : « Cher Dieu, Toi qui es si grand et qui possèdes la force infinie, dis-moi pourquoi il T'a fallu vingt ans pour me livrer cette VW Golf. » À peine eut-il prononcé la question qu'une grande lumière claire apparut, que le ciel s'ouvrit et qu'une voix répondit : « Nous avions planifié pour toi une Cadillac, mais comme tu as insisté pour une Golf, nous avons dû changer nos plans et cela nous a pris vingt ans... »

Cette histoire est conçue pour les praticiens avancés de la commande. Car tout le monde commande. Examinons d'un peu plus près la « carrière » typique d'un praticien de la commande :

1) Au début, on commande, ou on crée sa réalité, le plus souvent d'une façon parfaitement inconsciente, conformément à ses modèles intérieurs, à ses empreintes, à ses attitudes, à ses sentiments et à ses pensées.

2) Puis on apprend qu'il y a des modèles intérieurs et que l'attitude intérieure a quelque chose à voir avec ce que l'on rencontre à l'extérieur. La vie est un miroir de notre intérieur. Ah ! Les premiers essais de changements de programme, d'hygiène mentale consciente ou de diverses sortes de pensées positives sont entrepris, ou bien encore on passe ses premières commandes auprès de l'Univers. On apprend à formuler positivement ses désirs (« Cher Univers, je me commande de gentils collègues » au lieu de « délivre-moi de ces imbéciles »), et l'on reconnaît que la véritable force de chaque formulation réside dans l'image intérieure que l'on a (des collègues gentils ou des imbéciles) et non uniquement dans les mots. « Ne pense pas à un éléphant rose » ne marche pas : c'est à cela qu'on pense immédiatement.

3) On s'exerce déjà depuis un certain temps et, voyez-vous, ça marche ! On a déjà un abon-

nement permanent aux bonnes places de parking en centre-ville, et toute une série d'autres commandes ont merveilleusement réussi. La confiance en l'Univers croît. Mais soit que les grosses commandes tardent à venir, soit qu'une stagnation s'installe ; pendant un temps, des paquets géants sont livrés et, soudain, plus rien.

Quand cela arrive, on a atteint le niveau suivant. On a en effet évacué la couche supérieure de doutes, de totale inconscience et de pensées négatives incontrôlées, et l'on est devenu(e) plus conscient(e), plus attentif/ive et aussi plus sensible. Et maintenant, l'âme se présente de plus en plus souvent ; elle voudrait que nous fassions aussi le ménage au plan affectif et que nous nous rapprochions des désirs de notre cœur. Et, à ce niveau, l'âme voudrait aussi participer aux commandes ; et elle voudrait souvent te livrer plus que ne peut l'imaginer ton petit entendement !

Tu penses à la VW Golf parce que c'est la chose la plus folle que tu peux imaginer en ce moment, mais l'âme commande une Cadillac. Tu désires le poste de secrétaire dans ta firme de rêve, et l'âme sait que tu serais la directrice idéale, un emploi auquel tu n'aurais jamais osé penser. Que faire alors ?

Au début, il est indispensable de formuler ses désirs d'une façon aussi détaillée que possible. Premièrement, pour neutraliser les anciens modèles et, deuxièmement, afin de faire très concrètement l'expérience que cela fonctionne et qu'effectivement l'Univers met la main à la pâte.

Mais dès que tu auras pris un contact multiple et sensible avec cette force et qu'un sentiment de confiance se sera de nouveau instauré dans ta vie, tu devras reformuler et laisser plus de jeu à ton âme pour qu'elle participe aux commandes.

Exemples :

- Les débutants se commandent un(e) partenaire avec une liste de trente points et une description précise de ce qu'il/elle doit être ; les pratiquants avancés commandent comme suit : « Cher Univers, je me commande un/(e) partenaire avec qui je serai heureux/euse et qui sera heureux/euse avec moi. »

- Les débutants commandent une marque précise de voiture, les avancés commandent une voiture « idéale » ou en précisant « la voiture qui me donnera la plus grande joie » et propre « à tel ou tel usage ».

- Les débutants commandent de l'argent ; les avancés commandent ce qu'ils/elles veulent faire avec l'argent. Par exemple des vacances, plus de temps libre, un plus grand appartement ou quoi que ce soit d'autre, au lieu d'une somme concrète d'argent. La vie, en effet, connaît beaucoup plus de voies que tu n'en connais toi-même pour te procurer ce qui convient. Et l'argent est loin d'être le seul moyen pour y parvenir.

- Aux débutants, l'Univers envoie très précisément ce qui est commandé, afin de renforcer leur confiance ; mais la vie ne serait plus la vie si elle ne voulait pas nous surprendre davantage. Au début, elle nous surprend en nous faisant parvenir nos livraisons par des voies totalement inattendues ; plus tard, elle nous surprend avec des livraisons que nous n'aurions jamais eu l'idée de commander.

La commande derrière la commande

Dès que tu t'élèves un tant soit peu au-dessus du niveau du débutant absolu, les deux exercices suivants deviennent très excitants. Tu peux avec leur aide explorer la « commande derrière la commande », ce que tu souhaites en définitive pour toi-même, le désir de ton cœur ou aussi le désir de ton âme*.

Exercice A

À cet effet, note sur un papier un maximum de désirs et de commandes que tu as déjà eus dans ta vie. Peu importe qu'il s'agisse de désirs exaucés ou non. Mais plus ce désir est (ou était) important pour toi, mieux cela vaut.

Maintenant, entre dans ces désirs avec toute ta sensibilité. Au fond, nous ne souhaitons tous qu'une chose : être heureux. N'as-tu pas toi

---

* Au cours de mes séminaires, Dieter M. Hörner (un entraîneur professionnel depuis plusieurs décennies, au style très personnel et plein d'humour) exécute le premier de ces exercices d'une manière particulièrement créative et vivante. Waliha Cometti (voir www.waliha.ch/) exécute des exercices analogues d'une manière tout à fait tranquille et spirituelle.

aussi relié l'idée de bonheur à ces désirs que tu as notés ici ? Quel était le sentiment qui se cachait derrière chacun des désirs qui ont fait l'objet de tes commandes ? Ou, en d'autres termes : quand tu reçois ce que tu désires (ou quand tu as reçu ce que tu désirais, dans le cas des choses déjà livrées), comment te sens-tu ?

Un exemple : beaucoup de gens se commandent auprès de l'Univers le job de leur rêve. Pour l'un, ce job peut représenter un sentiment de liberté ; pour un autre, peut-être, tout le contraire, à savoir la sécurité ; un troisième aspire au job de ses rêves parce qu'il a soif de reconnaissance.

L'emballage (job de rêve) du désir est le même, mais derrière se cache une commande principale chaque fois différente (le sentiment recherché).

Établis une liste des sentiments qui se cachent derrière tes commandes, des sentiments qui te tiennent à cœur. Et ensuite tu peux commander directement ces sentiments avec un beau rituel imaginé par toi-même (bougies, clair de lune, petite détente, musique préférée) – auprès de l'Univers. En effet, l'Univers embrasse une infinie profusion de possibilités. Et il connaît beaucoup plus de voies pour t'envoyer tes sentiments (liés aux désirs) que les voies limitées que tu peux te représenter.

Dans une commande spéciale, les pratiquants avancés commandent le désir derrière le désir, à savoir le sentiment de vie véritablement désiré – et ensuite ils font confiance aux merveilleuses surprises qui lui sont liées. Ce peut être la Cadillac mentionnée plus haut, un nouveau job tout à fait surprenant, voire une attitude intérieure nouvelle et une perception modifiée des choses – tout ce qui te rapproche du sentiment de vie lié à ton désir.

Exercice B

Cet exercice entraîne en même temps la perception subtile, celle-ci étant aussi fortement renforcée par tous les exercices de contact visuel (voir par exemple l'exercice sur l'amour de soi).

Tu as besoin d'un siège confortable, d'une musique de détente et de la garantie de ne pas être dérangé(e) pendant trente minutes, par rien ni par personne. Prends le temps de te détendre. Pendant un moment, n'observe que ta respiration et laisse-toi porter, en pensée, par la musique.

Maintenant, pose tes mains sur ton cœur et vois comme il se sent. Quand tu l'as ressenti un moment, imagine que tu pourrais extraire de ta poitrine une copie énergétique de ton cœur – et la garder dans tes deux mains, devant ta poitrine. Il n'y a là rien de correct ni de faux : il s'agit seulement d'un jeu sans contraintes, avec ton imagination, dans tes images intérieures.

Quand tu te représentes la copie énergétique de ton cœur dans tes paumes, comment la ressens-tu ? Souple, lourde, perméable, imperméable, élastique, fragile ? A-t-elle des fissures, des épines ou des arêtes dans ton imagination ? Suis simplement les images qui surgissent en toi, de façon ludique.

Représente-toi ensuite que tu invites dans la pièce l'Esprit universel, le divin, le Tout unifié, tous les anges, les esprits protecteurs et tout l'amour du monde. Prie-les de donner à ton cœur, dans tes mains, tout ce dont il a besoin. Prie-les de le réparer, en cas de besoin, de le fortifier, de le polir, de le guérir, de le charger de lumière – ou de ce que l'amour de tout l'Univers considère présentement comme convenable.

Pendant que l'Univers fait tout cela, tu peux détourner complètement ton attention de ton cœur. Abandonne ce travail avec confiance au Tout unifié (rappel : la nature tend à l'harmonie) et concentre-toi sur l'observation (et donc sur le renforcement) de l'harmonie, de la tranquillité et de l'amour de soi dans ton for intérieur.

Cela peut être merveilleux si, en plus, tu chantes un mantra. Cela suppose toutefois que tu entendes des mantras pendant tout ce temps, car il n'est pas indiqué de changer de disque pendant la méditation. Cela ne ferait que vous soustraire à la vibration, toi et l'Univers, et tu devrais déposer ici ou là la copie énergétique de ton cœur. Donc, si tu utilises les mantras, mets le disque tout de suite.

Au bout d'un moment, quand, selon ton sentiment, l'Univers en a terminé, tu peux rentrer, en ressentant, dans la copie énergétique de ton cœur – dans tes mains. Y a-t-il une différence ? De nouvelles représentations émergent-elles de ton cœur, dans ton imagination et dans tes images intérieures ? Comment se sent-il maintenant ?

Quand tu trouves que tu as suffisamment ressenti, représente-toi que tu fais de nouveau glisser dans ta poitrine la copie énergétique de ton cœur. Le cœur énergétique se place sur ton cœur physique. Prie ton cœur physique, à voix haute, d'accepter ce cadeau de l'Univers.

Pour terminer, tu peux encore laisser quelques instants tes mains sur la poitrine, au-dessus du cœur, et sentir si le cœur physique bat autrement ou s'il se sent différemment dans ton corps. Ensuite, respire profondément et ouvre les yeux.

Si, à l'occasion, tu soignes et tu gâtes ton cœur de cette façon, il te sera bientôt plus facile d'entendre et de ressentir ses désirs. D'ailleurs, cet exercice peut aussi être exécuté avec tous les autres organes.

Pendant mes séminaires sur la joie de vivre, nous faisons toujours cet exercice à deux. On reçoit alors la copie énergétique du cœur de son vis-à-vis et l'on prie l'Esprit universel et l'énergie de l'amour de charger le cœur du vis-à-vis. Chaque fois que plusieurs personnes font en commun des exercices énergétiques, l'effet s'en trouve multiplié, et la concentration nous est sensiblement plus facile.

Peut-être as-tu des ami(e)s avec qui tu peux faire cet exercice. L'expérience est magnifique quand les deux cœurs perçoivent de façon analogue.

Attention raccourci !

Respiration – connexion – cœur !

Bonus, piste n° 1*

Établir un rapport positif à l'argent

L'argent est une forme d'énergie et un moyen d'échange. Point. Ce que nous en faisons en plus, indépendamment de ce qu'en font les autres, est uniquement notre affaire.

Il y a quelques années, j'ai fait avec une de mes parentes un exercice de vision dans lequel elle devait d'abord se représenter ses dettes qui fondaient de plus en plus jusqu'à disparaître complètement. Lorsque nous en arrivâmes au point où elle devait se représenter des sommes positives sur son compte, sans plus aucune dette, elle commença à transpirer et à s'agiter. Elle ne pouvait absolument pas imaginer un compte positif. D'où vient une telle empreinte intérieure, qui n'admet que le signe moins ?

Il y a deux moyens de gagner de l'argent : l'un consiste à soutirer de l'argent, sous une forme ou sous une autre, à d'autres gens (se

---

* Les « pistes de bonus » existent souvent sur les CD musicaux. J'ai nommé ainsi ces derniers exercices « par plaisanterie » parce que les thèmes n'apparaissent pas directement dans ma liste « ça marche/ça ne marche pas » – même si je les trouve importants dans ce contexte.

livrer à une concurrence déloyale au lieu de simplement être bon, baratiner les gens pour leur vendre des choses inutiles, etc.). L'autre moyen est de se montrer créatif pour produire de nouvelles richesses utiles à tous. Comment ça marche, j'en ai déjà touché quelques mots dans d'autres livres. Je me limiterai donc ici à des exercices très généraux pour améliorer notre rapport à l'argent.

Disons un mot des monnaies d'échange et des valeurs alternatives de toutes sortes : il y a là une foule de points de repère. À mon sens, on devrait d'abord conclure la paix avec l'argent. Car si je ne peux pas aussi me réjouir de l'argent, mais seulement pester contre lui et contre le système, je dilapide ainsi toute mon énergie. Ce sur quoi je peste, en effet, je le renforce énergétiquement, ça reçoit toute mon attention. Aucune monnaie d'échange ne fonctionne sur une base anti-argent. Mais sur une base l'argent-est-également-bon-ça-dépend-de-ce-que-j'en-fais, je puis aider à instaurer un mode positif des monnaies d'échange – si ça me fait plaisir, et l'argent m'aide aussi en cela.

Mère Teresa a toujours dit qu'elle n'allait jamais aux manifestations contre la guerre ; celles-ci ne faisaient qu'apporter toute leur énergie à la guerre. Elle ne venait que lorsqu'il s'agissait d'une manifestation pour la paix. Il en va exactement de même avec l'argent et les monnaies d'échange.

Ceci n'est pas un exercice, mais un tuyau d'ordre général : quand tu épargnes, n'épargne pas pour la disette, sinon tu auras la disette. Économise plutôt pour l'indépendance financière, ou pour l'abondance dans le grand âge, pour une maison, une voiture, des vacances, n'importe quoi. Mais non pour la disette. Épargne pour ce que tu veux avoir – et non pour ce dont tu ne veux pas. La loi mentale de l'attention vaut aussi pour l'argent !

Exercice A

Quand nous ne pouvons accepter de l'argent qu'avec des sentiments de culpabilité ou de stress, un mécanisme inconscient s'enclenche qui conduit de plus en plus à ce que nous n'ayons plus peur de gagner de l'argent avec des choses que nous ne tenons pas pour bonnes et correctes. Cette façon de gagner de l'argent cadre alors avec notre attitude négativement résignée face à l'acceptation d'argent en général.

Voici quelques exemples de sentiments négatifs, le plus souvent inconscients, et d'arrière-pensées secrètes qui peuvent intervenir dans l'acceptation d'argent :

« Encore une fois si peu. Je n'arriverai jamais à gagner assez. »

« Ah ! Par ici le pognon ! Il est immoral et mauvais, mais j'en veux quand même un maximum. »

« L'argent est inconvenant, donc accepter et gagner de l'argent est aussi inconvenant. Je ne le prends que parce que j'en ai besoin pour vivre, mais je ne l'aime pas. »

« Je ne recevrai jamais assez. »

« Je ne vaux pas davantage. »

En revanche, plus nous pouvons encaisser d'argent avec un bon sentiment et avec joie, plus de nouvelles voies s'ouvrent devant nous de façon merveilleuse pour gagner de l'argent de manière positive pour le bien de tous.

Exemples de pensées positives dans l'acceptation d'argent :

« Cher argent, grosse ou petite somme, je te souhaite cordialement la bienvenue. »

« J'accepte avec joie cet argent comme l'expression d'une compensation d'énergie. »

« L'Univers fait en sorte que je reçoive toujours ce que j'ai gagné. Si certains me sous-payent, d'autres m'enverront plus que mon dû, opérant ainsi une compensation. Je puis donc accepter toute somme avec gratitude. » (Cela n'a rien à voir avec l'acceptation servile d'un mauvais paiement. Tu peux toujours t'investir pour un paiement approprié, mais si cet investissement, en fin de compte, te coûte plus de force qu'il ne te rapporte, remercie plutôt pour le peu que tu as et remets-t'en au Tout unifié pour t'apporter par ailleurs ce qui te revient.)

« L'argent est un hôte bienvenu chez moi. »

« Toute compensation d'énergie me réjouit. L'argent, comme tout moyen d'échange, est quelque chose de beau. »

Il en va exactement de même avec les dépenses d'argent. Plus nos sentiments sont négatifs quand nous dépensons…

« Je ne peux vraiment pas me permettre cela. »

« Mince, encore une dépense. »

« C'est beaucoup trop cher ; c'est honteux. » (Vérifie s'il n'y a pas ailleurs une chose analogue pour laquelle tu dépenserais ton argent avec plus de joie !)

« Soucis, lamentations, douleurs. Espérons qu'il me restera encore assez à la fin du mois. »

« D'accord, alors, je lâche le pognon. » (Une expression qui manque de gratitude et de respect quand on dit « pognon » au lieu d'« argent » et qu'on n'en éprouve aucune joie.)

… plus fort est le mécanisme inconscient qui nous fait dépenser beaucoup trop d'argent pour des choses inutiles. Les deux tiers de nos dépenses se rapporteraient à des achats de frustration. Beaucoup se laissent séduire par de tels achats pour compenser leurs nostalgies insatisfaites ; une autre raison en est un rapport totalement irréfléchi à l'argent.

Dans les dépenses d'argent, des phrases telles que…

« Je me réjouis de pouvoir restituer cet argent au flux général de la monnaie. »

« Comme c'est beau de pouvoir se permettre cela ! »

« Cher argent, fais le bien et reviens-moi avec beaucoup de frères et de sœurs. »

… modifient totalement notre rapport à l'argent. Nous investissons automatiquement de façon de plus en plus judicieuse quand le degré de conscience s'élève. Aucun achat inconscient de frustration, en effet, ne cadre avec des dépenses conscientes de gratitude.

Un sentiment positif, lors des dépenses d'argent, conduit à plus de conscience dans la MANIÈRE dont je dépense l'argent, et à quelles fins. Et un sentiment positif lors de l'acceptation d'argent conduit à plus de conscience dans la MANIÈRE dont je gagne l'argent, et avec quoi. La vie me livre de nouvelles possibilités de gains d'une façon apparemment magique parce que mes qualités intérieures se sont modifiées.

Un rapport positif à l'argent change la qualité de sa gestion. Et il efface l'attachement négatif et angoissé qu'on peut avoir pour lui. Il nous apparaît de nouveau clairement que l'argent n'est qu'un moyen d'échange. Soudain, la voie devient libre pour d'autres moyens d'échange supplémentaires. Tant que nous agissons avec la peur de l'argent, ou que nous considérons l'argent comme la racine de tous les maux, nous nourrissons cette représentation de notre énergie et nous lui donnons involontairement notre force. Il n'y a alors plus aucune place pour un nouveau comportement face à l'argent et pour des alternatives créatives.

C'est comme avec l'exercice sur l'amour de soi : si tu peux accepter et aimer tes faiblesses, elles perdent le pouvoir qu'elles ont sur toi. Si tu peux accepter l'argent, si tu peux nourrir des pensées positives quand tu le reçois et que tu le dépenses, l'argent perd aussi le pouvoir qu'il a sur toi.

Tu peux donc t'exercer, chaque fois que tu reçois ou dépenses de l'argent, à lier cela à des pensées positives.

Exercice B

Tu connais peut-être déjà cet exercice par mes autres livres. À titre de rappel, voici un petit résumé :

Nous relions souvent le concept d'argent à l'idée de grosses difficultés, et en outre nous n'aimons pas vraiment collectionner des billets imprimés de diverses couleurs ; mais l'argent est le symbole de quelque chose. Il est donc judicieux de réfléchir à ce que nous voudrions faire avec l'argent, et de commander précisément cela. Par exemple plus de temps libre, de meilleures conditions de logement, une meilleure formation pour les enfants, une cure de santé économique, etc.

Si tu veux absolument te commander de l'argent, remets-t'en au moins à l'Univers sur les voies qu'il désire emprunter pour t'envoyer cet argent, et ne te limite pas à des phrases telles que : « Cher Univers, envoie-moi s'il te plaît un gros lot du loto ! » Tu peux imaginer combien de milliers de gens font chaque semaine de telles commandes, combien d'adeptes du vaudou prononcent sur le billet de loto des paroles magiques... pour l'obtention d'un seul gros lot ! Si l'Univers devait livrer tout le monde selon ses désirs, on ne recevrait pour gros lot que trois euros cinquante tant le nombre des gagnants serait élevé.

Bien que – pour l'amour de la vérité, je l'avoue – il n'y ait pas de règle sans exceptions. Pas plus tard que la semaine dernière, à l'occasion d'une conférence faite en Suisse, deux amies sont venues me trouver, bras dessus, bras dessous, parce que l'une d'entre elles voulait me raconter solennellement sa dernière commande. Elle possédait une entreprise de plus de cent collaborateurs. Quand la firme se mit à ne plus aller très bien et qu'il ne resta plus dans la bourse qu'une cinquantaine de francs suisses, la banque l'envoya promener en indiquant qu'elle n'était pas assez bonne pour mériter un crédit supplémentaire. Ainsi donc, le compte de la firme était réduit à zéro. En privé, sa propriétaire possédait deux maisons grevées d'une hypothèque de six cent quinze mille francs suisses.

Chaque mois déficitaire, la banque menaçait de saisir les deux maisons. Un jour, mon amie revint de la banque profondément déçue et envoya une commande résolue au Cosmos : « Cher Univers, ça ne peut plus continuer ainsi. Qu'ont-ils à faire de mes deux maisons ? S'il te plaît, donne-moi de l'argent pour que je puisse rembourser mes crédits, afin que je sache que je n'aurai à licencier aucun de mes collaborateurs et que l'entreprise pourra continuer à tourner. Qu'en serait-il d'un gros lot au loto ? »

Pendant deux jours, elle joua alors effectivement, toujours fermement décidée, avec une amie. C'était la deuxième fois de sa vie qu'elle le faisait. Le tirage suivant vint et, avec lui, la surprise colossale. Elle avait effectivement décroché le gros lot au loto – et, attachez vos ceintures, ce gros lot lui rapporta très exactement la somme de six cent quinze mille francs suisses ! Cela est-il croyable ?

Elle est très, très reconnaissante à l'Univers et elle a immédiatement utilisé l'argent pour rembourser ses crédits, et pour rien d'autre. Et elle a changé de banque. Car, bien que l'employé de la banque fût soudain devenu très aimable, cette banque n'était plus assez bonne pour elle. Ça lui a fait du bien de le dire après tout ce temps, et je la comprends.

Elle n'a parlé de son gain qu'à moi (et je garde son nom secret) et à ses quatre amis les plus intimes. Mais ses employés ont déjà constaté que leur patronne est plus détendue depuis quelque temps – et étrangement calme quand il lui faut aller à la banque…

« Ah bon ?» vas-tu penser. « Et si je me précipitais pour jouer au loto et gagner le gros lot ?… » Réfléchis bien pour savoir si tes projets sont aussi clairs et aussi altruistes que ceux de la dame en question (conserver l'entreprise avec ses salariés). Et peut-être aussi pourrais-tu commander l'argent « par le moyen du loto ou par tout autre moyen réjouissant ».

Exercice C

Un truc particulier, pour accélérer la réussite, serait de commander également « le sentiment du désir derrière l'argent ». Et réfléchis – comme déjà mentionné dans le chapitre « la commande derrière la commande » – à ce que tu ressentirais si tu gagnais autant d'argent que tu te le représentes idéalement. À quoi ressemblerait ta vie, et quels sentiments aurais-tu à cette occasion ? Pour l'un, l'argent peut signifier la liberté ; pour l'autre, la sécurité ; pour un troisième, la reconnaissance. Quel est ton sentiment de désir, derrière ton désir d'argent ?

Commande le sentiment d'abord, quand tu notes ce que tu voudrais faire avec l'argent, et commande l'argent ensuite.

Exercice D

En fait, ce point appartient encore à l'exercice A : autant que possible, règle immédiatement chaque facture que tu reçois. Au mieux, dès le jour même. Oublie l'idée que tu économiserais un peu d'intérêts si tu ne payais que dans quatre semaines. Les intérêts économisés te seraient aussitôt débités ailleurs par l'Univers et par ton subconscient. D'une part, ils se font attendre tout aussi longtemps sur le règlement de tes factures en cours, et d'autre part tu as constamment des dettes énergétiques, même si ce sont de petites sommes.

En outre, c'est un manque total d'originalité. Tant de gens ne payent leurs factures qu'au bout de six semaines, bien que le délai de paiement convenu soit de quatre semaines. Ce qui arrive est tout à fait logique : le fournisseur ou le prestataire de services se sent pour le moins frustré inconsciemment par de tels clients, et il a le sentiment que son travail est peu apprécié. Sois sûr(e) qu'il ne fera pas d'excès de zèle quand il t'arrive ra de manifester un désir particulier. Pourquoi le ferait-il avec un client qui régulièrement le fait attendre deux semaines de trop ?

Essaye le contraire. Je puis t'assurer, par expérience, que cela opère des miracles. Quand on paye immédiatement, on est le seul à le faire et on est considéré. De même quand on dépasse un peu le délai et qu'on téléphone à l'entreprise pour solliciter un peu de compréhension, on se comporte de façon très positive. Dans un tel cas, le prestataire de services ou le fournisseur a le sentiment que ce client apprécie véritablement son travail.

Et devine ce qui se passe quand toi, en tant que bon payeur, TU téléphones pour exprimer des désirs particuliers ? Les commandes des mauvais payeurs sont immédiatement laissées de côté et tes désirs particuliers sont satisfaits en premier. Cela peut être très avantageux. Divers artisans m'ont déjà fait cadeau de travaux qui vont bien au-delà des économies d'intérêts que font les payeurs tardifs. Ils le font volontiers parce qu'ils sont heureux qu'un client règle immédiatement ses factures.

Et que se passe-t-il quand il m'arrive, par négligence, d'oublier complètement de régler une facture ? Quand je suis un payeur tardif, la lettre de rappel est ainsi conçue : « Avertissement. Veuillez régler par retour, sinon nous nous verrons contraints... supplément de retard, intérêts moratoires, etc. » Si au contraire je suis un payeur express, le « rappel » sera plutôt comme suit : « Cher client, nous avons l'impression que l'une de nos factures vous a échappé. Vu que vous êtes toujours un payeur régulier, nous vous prions de vérifier encore une fois. Et, naturellement, nous ne vous compterons aucun supplément pour retard, car nous sommes sûrs qu'il s'agit d'un oubli. Avec nos cordiales salutations. Firme XY. »

Qui paye précocement économise davantage à la longue. J'en suis convaincue.

Bonus, piste n° 2

Apprendre à supporter le bonheur

Le thème de cet exercice pourra paraître absurde à certains. Pourtant, ce n'est pas une plaisanterie. Il s'agit là d'un blocage qui est plus répandu qu'on ne le pense, et peut-être qu'il te concerne aussi et qu'il t'interpelle si tu t'es « positionné(e) » assez haut sur l'échelle de l'impression individuelle du bonheur.

Les questions relatives à ce thème proviennent fréquemment de lecteurs chez lesquels presque tout semble tourner de façon optimale : travail, relations, santé dans une certaine mesure, logement, enfants, etc. Soudain, un monstre hideux, gras, verts, gluant se glisse pour vous taper sur l'épaule par-derrière et vous chuchoter d'une voix grosse de malheur : « Gare à toi ! »

« Je ne peux pas croire que j'ai mérité tout cela. Personne ne l'a encore mérité. Alors, pourquoi moi ? Plus ça dure, plus j'éprouve des sentiments de culpabilité envers le reste du monde. »

« Quand je n'avais encore rien, j'allais régulièrement mal chaque jour. Mais, au moins, je n'avais rien à perdre. Maintenant, j'ai tout, mais j'ai peur chaque jour de le perdre. Je ne peux pas jouir de mon bonheur. »

« Trop de bonheur n'est pas réel. Cela ne peut pas durer longtemps. Le malheur est plus réel. Regarde seulement autour de toi, dans le monde… »

« J'ai été élevé de façon très chrétienne. En moi sommeille toujours la conviction que je pèche quand je prends plaisir à la vie. La vie n'est pas là pour le plaisir, mais pour l'expiation des péchés. »

« Quand je suis très malheureuse, j'ai le sentiment que je fais mon devoir, et personne ne peut me critiquer. Mais, depuis que j'ai d'"effrayantes, inhabituelles et fréquentes" raisons d'être heureuse, des monstres méchants et visqueux ne cessent de se pointer derrière moi, émergeant du néant ; le sentiment, par conséquent, que je n'en ai pas le droit et qu'il est immoral d'avoir du bonheur. »

« Je me suis observée et j'ai constaté que j'ai des angoisses existentielles quand je suis trop heureuse. Le véritable bonheur n'existe-t-il qu'au ciel ? Toujours, quand tout va trop bien, j'ai peur que ce ne soit pas permis sur terre, et je redoute de mourir aussitôt ! »

Ce sont là quelques phrases des participants à mes séminaires des dernières années relativement au thème de « la peur d'être trop heureux ».

Que crois-tu ? Maintenant, en ce moment ? Quel que soit le niveau de ta sensation de bonheur dans ta vie actuelle : une vie individuellement comblée et heureuse, sur tous les plans, est-elle dans l'ordre des choses ? Est-ce OK, pour toi, quand tu es heureux/euse de ta bonne santé ? Il n'est pas besoin que ce soit une santé excellente, car, statistiquement, seuls 0,7 % de la population mondiale est dans ce cas. Ce serait vraiment dommage que seulement ceux-là soient heureux. C'est pourquoi on est aussi simplement heureux de nettes améliorations ou d'un niveau minimal, mais inaltérable, de santé.

C'est certainement OK, n'est-ce pas ?

Mais qu'en est-il quand, en plus, tu es également heureux/euse dans ton couple et avec tes amis ? Je présume que, pour la plupart, c'est également OK.

Viennent maintenant les premiers défis authentiques : est-ce OK quand non seulement tu es lié(e) à la santé et au bonheur, mais qu'en plus tu as un job qui te comble totalement, qui te rend heureux/euse et ne te donne aucun stress ?

Ressens exactement avant de répondre. Quand tu as un tel job de rêve, tu te distingues d'au moins 90 % des êtres humains. Tu échappes à l'envie et à la frustration qu'éprouvent les autres.

Ça peut encore tout juste aller quand tu aimes « seulement » ton job et n'en tires pas beaucoup d'argent, le considérant tout juste comme un hobby rémunéré. Mais qu'en est-il quand tu gagnes beaucoup d'argent avec ton job préféré ?

Claus David Grube, auteur de *Das Zen der ersten Million* [*Le Zen du premier million*], écrit que le plus grand frein, pour prospérer financièrement, est la jalousie des autres. Presque tout le monde a des envieux dans son proche entourage, et l'on a peur de « ne plus appartenir aux autres » ; c'est pourquoi on préfère renoncer à l'enrichissement.

Il est bien certain qu'il n'est pas nécessaire de devenir riche pour être heureux. Mais qu'en serait-il si tu devais le devenir ? Un job de rêve, et en plus super bien payé ? Est-il OK d'avoir tant de bonheur ?

Imagine une personne en relative bonne santé, qui a un bon partenaire, un job qui la comble totalement et beaucoup d'argent. Comment te sens-tu en face de cette personne ? Te réjouis-tu pour elle ? Te réjouis-tu de voir qu'une telle chose est possible ? Ou bien la pensée vient-elle automatiquement qu'il ne saurait y avoir tant de bonheur et qu'il doit y avoir un hic quelque part ? Soupçonnes-tu automatiquement qu'il y a là plus de paraître que d'être et que la personne cache un sinistre secret ?

Quelle est la quantité de bonheur que tu tiens pour possible ?

Exercice A

Si tu devais appartenir à l'écrasante majorité pour laquelle santé, chance en amour, job de rêve et salaire de rêve apparaissent comme irréalistes ou inauthentiques, prends une feuille de papier et décris une constellation de bonheurs qui te paraisse tout juste encore réaliste. Un bonheur quasi maximal qui, selon ta représentation actuelle, pourrait être véritablement durable et pour toi vivable.

Qu'en serait-il de l'exemple suivant : un naturopathe est marié avec une naturopathe. Tous deux aiment leur job et y réussissent parce qu'ils ont de bons résultats en matière de santé. Ils vont bien mais ils ne sont pas millionnaires. Ils transmettent leur bonheur et, quand c'est nécessaire, ils soignent aussi gratuitement.

La relation est un véritable gros lot, mais de temps en temps il y a aussi de véritables scènes. Cependant, étant donné que tous deux ont une expérience en matière de thérapie et de développement de la personnalité, ils peuvent bien gérer leurs crises et revenir rapidement à la paix familiale. En tant que bons naturopathes et grâce à leur savoir, ils réussissent aussi, eux et leurs enfants, à se maintenir en relative bonne santé. Cela serait encore imaginable, n'est-ce pas ?

Pars de ta vie et formule le bonheur maximal que tu puisses ACTUELLEMENT te représenter. Tu peux conserver en lieu sûr la feuille sur laquelle tu viens d'écrire tout cela et répéter l'exercice chaque année. Peut-être que ta représentation maximale du bonheur croîtra un peu chaque année, si par exemple tu pratiques régulièrement l'exercice sur l'amour de soi. Car une chose est sûre : le bonheur maximal que tu tiens encore possible pour toi peut aussi ne pas l'être dans ta vie.

Un tuyau : dans ta liste du bonheur maximal atteignable, note un tout petit peu plus que tu ne peux actuellement tenir pour possible...

Attention : raccourci !!

Maintenant, tu le peux déjà toi-même !

Exercice B

« D'une manière ou d'une autre, j'ai le sentiment que, avec tant de bonheur, la chute sera d'autant plus rude après coup, et j'épie avec panique chaque jour la direction d'où cela va venir », écrit une lectrice. Au moment du plus grand bonheur, elle se le gâte immédiatement, parce que la pensée surgit aussitôt : « Mon Dieu, plus je monte haut, plus abrupte sera la descente ! »

Mais je trouve qu'une telle chose ne doit pas venir, et qu'on ne doit pas non plus penser ainsi. Examinons d'abord pourquoi ça ne doit pas arriver, puis faisons un exercice pour évacuer tout doute résiduel. ☺

La vie en forme d'ondes

Un très grand bonheur est suivi d'une chute profonde ? As-tu oscillé dans ta vie entre la grande tristesse et la simple tristesse ? Pourquoi alors ne pas osciller entre le grand bonheur et une relative satisfaction avec, à l'occasion, des chutes d'humeur ? Et même si parfois des chutes d'humeur devaient survenir : tu gardes simplement confiance ; après la pluie, le beau temps, et ce dernier domine dans ta vie.

Exercice : exerce-toi à te réjouir des petites choses de la vie. Sois reconnaissant(e) pour le temps qu'il fait, la route, une vieille chaussure qui fut ta préférée, un fauteuil hérité de ta grand-tante, quelques heures agréables passées avec de bons amis ; pour l'intimité, l'amitié et le fait d'avoir un corps physique. Si tu peux aussi tirer de la joie des petites choses, la perte des grandes n'a plus d'importance.

Si tu tires tes plus grandes joies de l'intimité et de l'amitié avec les autres, qu'est-ce que cela fait d'habiter dans une cabane ou dans un palais ? Il est probable que tu te réjouiras aussi d'un palais. Mais c'est à juste titre que ton subconscient tire la sonnette d'alarme quand tes sensations de bonheur dépendent essentiellement de ces grandes choses tellement périssables. Réjouis-toi de l'exercice sur l'amour de soi, de ♥ et du monde entier, et l'angoisse de la perte disparaîtra peu à peu.

Exercice C

Les peurs existentielles surviennent-elles en présence de trop de bonheur ? Peut-être que cela vient de l'enfance : quand je me réjouis trop, je reçois une torgnole ? Ou bien des idées religieuses fermentent-elles profondément en toi, comme l'idée qu'un sentiment durable de bonheur ne serait possible que dans l'au-delà ? Rappelle-toi donc l'état amoureux. Pendant des semaines, on plane au septième ciel. Mais pour vivre un bonheur durable dans le couple, on a fort à faire. Sans un travail sur soi-même, une réflexion sur soi-même, une certaine sagesse, de la compréhension et un cœur ouvert, cela ne marche pas.

Il en va de même avec tous les bonheurs. Je crois que c'est notre véritable tâche que d'être durablement heureux/euses sur terre ; mais je crois aussi que cela exige le développement de toute une série de qualités. Et ces qualités, nous ne pouvons les développer qu'ici, et non dans l'au-delà.

Que faire alors ? Tu peux par exemple utiliser la technique de tapotement des méridiens, décrite par R. Franke, afin d'éliminer en tapotant les programmations erronées par le truchement du système des méridiens (elle ne dure que quelques minutes). Tu peux introduire en tapotant la formule : « Le bonheur est permis, et je développe maintenant les qualités nécessaires pour, à partir d'aujourd'hui, pouvoir vivre sur terre un bonheur durable. » Ou bien, conformément au tout premier exercice de ce livre, tu te bricoles un sketch avec cette phrase.

Ou bien ménage-toi une heure entière pour toi tout(e) seul. Sois confortable, détends-toi et mets ta musique préférée. En pensée, passe en revue tes souvenirs et modifie-les. Représente-toi tes parents qui, au lieu de te houspiller, se réjouissent avec toi ! Ils dansent tous de joie dans le nouveau tableau de tes souvenirs. Tu peux te demander ce qui a manqué à tes parents pour n'avoir pas été en mesure de te donner plus de joie en partage. Envoie-leur ce sentiment, ou cette qualité manquante (confiance en soi, amour de soi, liaison avec ♥, etc.), de tout ton cœur, vers le passé.

Des exercices aussi simples peuvent transformer complètement des modèles de ton passé.

Exercice D

Passe en revue toutes les personnes qui ont beaucoup de chance et concentre-toi sur la joie que tu éprouves pour elles. Nourris des pensées telles que :

« C'est beau à voir, que de telles choses existent. »

« Je me réjouis pour toi. »

« Je te souhaite beaucoup de félicité, et que tu puisses jouir de ton bonheur à pleines gorgées. »

Si tu peux accorder aux autres hommes le bonheur, de tout ton cœur (exerce-toi à cela si tu as l'intention de devenir toi-même un(e) chanceux/euse ; tu auras alors les meilleures perspectives), tu te créeras de plus en plus de joie parmi les gens heureux. Et – c'est là le truc en la matière – ton subconscient aura bien du mal à distinguer si ta joie concerne l'autre, celui ou celle à qui tu accordes le bonheur, ou bien toi-même. Il enregistre seulement : « Ah, nous nous réjouissons de beaucoup de bonheur ? Ah bon, mais où est-il donc ? Je vais donc devoir apporter tout de suite davantage de bonheur, quelque chose a dû m'échapper. Compenser rapidement, produire plus de bonheur, afin que la perception soit de nouveau adaptée à ce qui est… »

En outre, tu participes automatiquement à ce que le bonheur s'étende sur la terre. Et n'est-ce pas le bonheur suprême quand tous sont heureux ? Alors, tu n'as plus besoin d'avoir peur de perdre ton bonheur – si de toute façon tout le monde atteint les mêmes normes de bonheur !

Le mieux que tu puisses faire pour ton propre bonheur, et pour qu'il te soit autorisé à toi-même, c'est que tu le souhaites aussi pour tous les autres et que tu te réjouisses de tous les signes de bonheur chez les autres.

Bonus, piste n° 3

La couronne de la sagesse

Il y a des années, j'ai eu un moment de brouille durable avec un ami. Il est né sous le signe de la « Mule récalcitrante », c'est une vraie catastrophe. Malheureusement, je l'aimais bien quand même, sinon je l'aurais exclu depuis longtemps du cercle de mes connaissances. Après cette brouille, en tout cas, j'avais pu l'envoyer promener, et je passais des heures tous les jours à pester abondamment contre lui.

> ***Ton avant-dernier raccourci (dans ce livre) !***
>
> *Cet exercice, j'aurais aussi bien fait de le pratiquer alors…*

Au bout de deux semaines, il y avait encore des jours où je passais des heures entières à le malmener en pensée. Peu à peu, cela me dérangeait moi-même. Je voulais en finir avec l'irritation, mais toutes les pensées « la-paix-soit-avec-toi » se révélaient stériles, bien que cela m'eût souvent aidée de penser avec cette phrase à quelqu'un qui m'irritait. Mais cette fois-ci, je ne réussissais pas à lui souhaiter la paix du cœur. En secret, tout au fond de moi, j'aurais préféré le voir griller en enfer.

Que faire ? J'appelai l'Univers à la rescousse. Peu après, mes yeux rencontrèrent sur l'un des livres de Neale Donald Walsch, *Conversations avec Dieu*. Je l'ouvris au hasard, et mon regard tomba sur les phrases suivantes : « Agis comme si tu n'étais séparé(e) de rien ni de personne, comme si tout était UN et comme si tout était TOI. Alors, dès demain, tu auras guéri tout ton monde. »

Hum, qu'est-ce que cela veut me dire dans cette situation ? La pensée me vint que, de temps en temps, je m'inflige aussi à moi-même quelques idioties – mais que je ne m'irrite jamais autant de moi-même que je ne le fais de cet ami. Je me pardonne à moi-même mes sottises plus vite que je ne pardonne aux autres les leurs. Comment cela se fait-il ?

J'y réfléchis encore un bon moment et parvins à la conclusion que je ne me pardonne pas par « générosité envers moi-même », mais simplement parce que j'ai beaucoup de mal à m'échapper à moi-même. Si je ne me pardonnais pas, le dommage serait nettement plus grand que l'utilité. En fin de compte, je dois me supporter depuis le matin de bonne heure jusque tard dans la soirée. Ce serait stupide que d'être en colère après moi vingt-quatre heures sur vingt-quatre. Il est possible que mes jambes n'aient plus le courage de me porter à mon lit. Ou bien elles courraient dans la mauvaise direction. Peut-être que mes mains refuseraient de porter toute nourriture à ma bouche quand j'aurais faim.

D'une certaine manière, si je me pardonne plus vite, cela répond à un mobile purement stratégique. À l'encontre des autres, les absents, je peux nourrir une rancune pendant des heures sans qu'il en résulte des inconvénients sérieux pour mon propre confort. Tant que je vis avec moi-même au moins dans un cessez-le-feu coopératif, ma liberté – apparemment – n'est pas restreinte.

Mais, à y regarder de plus près, ma liberté est très restreinte. Finalement, cela me gâche toute la journée de pester sans arrêt. Et, ici, la phrase de Neale Donald Walsch prend tout son sens. Quelques jours plus tard, j'ai vu chez un autre ami le film *Au-delà de nos rêves,* avec Robin Williams. Ce film a donné à l'ensemble une nouvelle dimension.

Dans le film, Robin Williams meurt et atterrit dans l'au-delà. Il commence par s'étonner que tout, dans l'au-delà, soit constitué de peinture à l'huile. Les fleurs, la mer, le ciel, tout est fait à la peinture à l'huile. Toutefois, il cesse de s'étonner quand il comprend que, dans l'au-delà, les pensées sont la réalité et le physique, l'illusion. Cet au-delà est suffisamment grand pour que chacun puisse y créer son propre univers, avec tout ce qui va avec. Et comme, peu avant sa mort, il avait eu une forte relation émotionnelle avec quelques tableaux peints à l'huile, il s'était retrouvé conséquemment dans un monde de peinture à l'huile.

Avec ces phrases en arrière-plan : « Agis comme si tu n'étais séparé(e) de rien ni de personne, comme si tout était UN et comme si tout était TOI. Alors, dès demain, tu auras guéri tout ton monde », ce film me fit ruminer : qu'en serait-il si cet *ici* était l'*au-delà,* sans que je l'aie remarqué jusqu'à maintenant, ou bien si, dans cet « en deçà », la règle suivante prévalait également : « Les pensées sont la réalité et le physique, l'illusion » ? Qu'en serait-il si ce monde, avec tous ses tenants et ses aboutissants, était mon univers privé personnel, que j'aurais créé tout(e) seul(e) ? Tout comme le personnage de Robin Williams s'est créé une planète en peinture à l'huile parce que, dans la « vraie » vie, il avait aimé la peinture à l'huile.

Peut-être que tout ce qui est ici est mon univers, et que je ne le sais pas encore. Chaque beauté, chaque laideur, chaque coup de chance, chaque catastrophe. Quelle importance si j'ai manqué une babiole et que celle-ci soit l'au-delà, si j'ai tout inventé et créé moi-même ? Alors, pour chaque centrale atomique qui a un accident, il devrait y avoir une correspondance dans mon intérieur. Car si cela est totalement mon univers personnel, c'est que je me suis créé tous les événements, tous les pays et tous les hommes, les animaux et les plantes pour mon plaisir et comme miroir de mon état intérieur. Malheureusement, je devrais alors cesser de m'imaginer que, dans un monde qui serait peuplé uniquement de Bärbel, il ne régnerait que paix, joie et pain d'épice.

Dans ce cas, toute guerre qui se produit dans mon univers doit venir de moi-même. Tout ce qui est beau et l'incroyable diversité, les astres, les galaxies et les voies lactées, les forêts tropicales et les pâquerettes également. Alors, c'est que je serais multiple !

Il est parfaitement égal que cette représentation soit folle ; elle est le talisman, et elle a été pour moi, pendant des semaines, le « summum de la sagesse » tout autant que « la couronne de la Création » et l'issue à mon aigreur permanente. Car si rien n'est réel ici, ni le bloc de papier sur lequel j'écris, ni la musique qui vient du salon, ni cet ami de la constellation « Mule récalcitrante », je puis me détendre totalement.

Alors, rien ne peut m'échapper, rien ne peut dérailler. Si la vieille mule est née en moi-même, il est stupide que je lui en veuille, parce qu'elle n'est que le fruit de mon imagination. Elle n'est pas réelle. La seule chose réelle, dans mon univers d'au-delà, c'est moi-même. Tout le reste est illusion.

Je ne sais pas si je m'exprime assez bien pour que – mais qui ??? – puisse me suivre. Les autres ne sont alors que d'autres *moi,* nés de moi-même.

J'ai précédemment constaté que je trouve relativement facile de me pardonner, au moins dans la mesure où je n'ai pas besoin de pester après moi toute la sainte journée. Mais si rien ni personne ne sont réels, c'est-à-dire si tout et tous ne sont que des projections de mon imagination, que je me suis créées moi-même, à partir de mon intérieur, par mon attitude intérieure, alors il est tout aussi simple de ne pas pester toute la journée contre les autres, parce que cela devient d'un seul coup la même chose que de pester contre moi-même ! Ce serait en effet totalement niais que de créer quelque chose puis de s'irriter contre sa propre création !

Soudain, je suis directement et sans détours gentille avec moi-même quand je suis gentille avec les autres. Je suis simplement gentille avec ma production imaginaire dans mon propre univers. Et si j'avais envie que l'environnement extérieur fût mis en ordre, il me suffirait de tourner ma manivelle intérieure pour modifier ma vision intérieure ; alors, les figures imaginaires de mon univers onirique personnel commenceraient aussitôt à procéder aux modifications correspondantes et à la solution des problèmes extérieurs.

C'est la prochaine chose que je vais expérimenter. Peu importe où je vais, ce que je fais, qui ou quoi je rencontre : je me représente que c'est l'au-delà, ou un rêve, et que tout est causé par moi. Soudain, tout devient beaucoup plus coloré et intéressant. Je suis beaucoup plus curieux/euse de tout et je trouve tout beaucoup plus excitant. Je me figure que je suis un bébé avec son mobile.

Un bébé avec son jouet ? Oui, sûrement, c'est aussi une projection onirique géniale de mon *moi* actuel. Quelques phénomènes extérieurs de mes états internes, qui s'appellent « chercheurs », ont procédé à des essais avec les bébés. Ils ont observé deux groupes de bébés. Les deux groupes avaient un mobile suspendu au-dessus de leur petit lit. Chez les bébés du groupe A, on avait placé un déclencheur de mouvement dans l'oreiller : chaque fois qu'un bébé A faisait un mouvement de la tête, le mobile bougeait aussi au-dessus de sa tête.

Le groupe B n'avait pas de déclencheur de mouvement dans l'oreiller. Au lieu de cela, on avait connecté les mobiles B au déclencheur de mouvement des bébés A. Par conséquent, chaque fois que le bébé s'agitait, cela provoquait le mouvement du mobile qu'il regardait ainsi que celui du mobile B. Les bébés B voyaient donc s'agiter au-dessus de leur lit un mobile dont les mouvements n'avaient rien à voir avec les leurs.

Les bébés A jubilaient de joie chaque fois que le mobile s'agitait au-dessus de leur lit, car ils avaient vite découvert qu'ils provoquaient eux-mêmes le phénomène. Les bébés B, qui n'étaient pas les auteurs du mouvement, trouvèrent en revanche mortellement ennuyeux le mobile accroché au-dessus de leur lit, et cessèrent bientôt de le regarder.

Actuellement, chaque fois que je me rappelle ce principe, je me sens comme un bébé A. Il est excitant de se représenter que tout ce que l'on vit est directement provoqué et inventé par soi-même. Si c'est quelqu'un d'autre, c'est ennuyeux. Plus on s'éprouve soi-même comme cause, plus tout ce que l'on rencontre devient intéressant. Le mobile se balance, et le bébé A se demande : « Ah, comment ai-je fait cela ? » Une amie me prépare un plat savoureux avec des ingrédients qui ne me seraient jamais venus à l'idée, et je me demande : « Ah, comment ai-je fait cela ? »

Je crois que Neale Donald Walsch a raison : dès que nous ne nous sentons plus séparés de rien ni de personne, nous pouvons guérir le monde en un jour – de tout ce qu'il y a à guérir.

Trois commandes créatives de lecteurs

Comme je l'ai déjà mentionné, tu dois aussi utiliser le fil qui te relie à l'au-delà afin qu'il ne « rouille » pas et qu'il fonctionne aussi dans les cas difficiles. C'est pourquoi il est bon de maintenir la connexion en bon état de marche par de petites commandes. Commander en permanence des places de parking n'est pas terriblement créatif. Je te donne donc ici, comme incitations, trois exemples pour commander des choses créatives, ou bien pour gérer une livraison de façon créative.

Une lectrice m'a écrit qu'elle aimerait étudier l'art. Malheureusement, elle n'avait pas l'argent nécessaire. Elle fit donc une commande auprès de l'Univers. Peu de temps après, elle découvrit que la possibilité existait d'obtenir une bourse quand on était particulièrement doué. Quand elle se présenta aux tests de sélection, cependant, on ne lui laissa guère d'espoir. En sept ans, lui dit-on, une seule personne avait obtenu une bourse. Et cela pour sept à huit cents candidats par an !

Elle décida malgré tout de tenter sa chance et remplit le formulaire adéquat. On lui dit qu'elle devait choisir deux catégories. Comme elle voulait étudier « l'art libre », elle cocha la case correspondante. Mais, pour le second choix, elle était perplexe. Ses yeux tombèrent sur la case « communication visuelle ». Que diable cela pouvait-il signifier ? Elle n'en avait encore jamais entendu parler. Uniquement à cause d'une petite impulsion insensée, et aussi parce que rien ne l'intéressait en dehors de l'art libre, elle cocha cela comme seconde case.

Le jour du test arriva. Elle fit le test de l'art libre, et le résultat fut loin d'être suffisant pour une bourse. Toutefois, il restait encore le test de la communication visuelle. Elle n'y participa que pour la forme. Et, de loin, elle fut la meilleure ! On décela chez elle des capacités artistiques surprenantes dans ce domaine, et elle obtint la bourse. Elle était franchement épatée.

Après avoir étudié quelque temps, elle envoya un grand merci à l'Univers. Car l'art libre, qu'elle étudie en matière annexe, n'est vraiment pas sa tasse de thé. Alors qu'elle rencontre un franc succès dans la communication visuelle, qu'elle étudie avec enthousiasme. Dommage qu'elle ne m'en ait pas dit plus. Aujourd'hui encore, j'ignore ce que c'est.

Je suis prête à délivrer à tout instant un certificat de créativité à cette lectrice, avec mention « sait profiter des bonnes occasions de la vie » !

Ton dernier raccourci dans ce livre !

Pour « la vie après ce livre »,
fais-toi un pense-bête – que tu placeras dans ton porte-monnaie
ou que tu colleras sur ton écran d'ordinateur.

* * *

Un petit garçon avait oublié un soir de faire ses devoirs. Quand il s'en aperçut, il était déjà si fatigué que sa mère n'eut pas le courage de le maintenir éveillé – bien qu'il fût fort inquiet à l'idée de voir sa maîtresse rouspéter. Que pouvait faire la mère ? Elle eut une idée créative : « Faisons donc une commande auprès de ton ange pêcheur de désirs [une variante pour les commandes des enfants] pour que tu te réveilles une demi-heure plus tôt que d'habitude. Ainsi, tu auras le temps de faire tes devoirs avant de partir pour l'école. »

Le petit s'endormit facilement. La mère eut toutefois de sérieux doutes et se voyait déjà écrire un mot d'excuse pour l'institutrice. D'habitude, en effet, elle devait secouer son fils trois fois avant qu'il ne sorte de son lit en rampant, bouffi de sommeil.

Le lendemain matin, cependant, vint la surprise. Longtemps avant que ne sonne le réveille-matin, le fiston, frais et dispos, secouait sa mère pour la réveiller : « Maman, maman, l'ange pêcheur de désirs m'a réveillé. Je vais faire mes devoirs. »

* * *

Une amie à moi travaille en indépendante à mi-temps et élève seule ses trois enfants. Elle n'a jamais eu beaucoup d'argent. Elle manque aussi de temps pour le ménage. « J'aurais besoin d'une aide ménagère », pensa-t-elle. « Mais, naturellement, ça ne doit rien coûter. Univers, ne peux-tu m'envoyer une aide ménagère gratuite ? » demanda-t-elle, plutôt par plaisanterie.

Une semaine plus tard, une cliente entra dans sa boutique et lui demanda tout de go : « Dites-moi, n'auriez-vous pas une idée de l'endroit où je pourrais placer ma fille ? Elle fréquente l'école ménagère et doit faire un stage d'une année dans une famille. Elle doit aider deux fois par semaine, deux ou trois heures. Tout ce que devrait faire la famille, c'est de lui donner quelques indications. Naturellement, ce serait gratuit pour la famille… »

Bien sûr, le visage de mon amie s'illumina, et c'est ainsi qu'elle obtint son aide ménagère gratuite ; l'Univers se trompe-t-il de façon créative, ou quoi ?

Il est avantageux, de temps en temps, de commander un peu plus que des places de parking ; l'Univers livre toujours de manière que ce soit pour le bien de tous. Car l'aide ménagère gratuite a été aussi très satisfaite de son stage. ☺

Sur l'auteur :

Bärbel Mohr, née en 1964, avant sa carrière d'auteur, a travaillé comme photographe indépendante, rédactrice et graphiste. En 1995, à titre de hobby, elle a commencé à écrire dans une revue. Elle a d'abord distribué sous forme de copies manuelles, à ses amis et connaissances, *Comment « passer commande auprès de l'Univers »,* avant de le faire éditer et qu'il ne devînt un best-seller.

Elle a écrit ensuite de nombreux autres livres et elle a réalisé des vidéos.

À partir de 1995, elle a commencé à organiser des séminaires et à donner des conférences. À la fin de 2001, elle a mis au monde ses jumeaux. Depuis lors, elle a réduit ses apparitions en public.

Tout ce qu'il est intéressant de savoir sur Bärbel Mohr est sur le site :
www.baerbelmohr.de

Achevé d'imprimer en septembre 2008
sur les presses de la Nouvelle Imprimerie Laballery
58500 Clamecy
Dépôt légal : septembre 2008
Numéro d'impression : 809085

Imprimé en France

La Nouvelle Imprimerie Laballery est titulaire du label Imprim'Vert®